ON

新しい市場を切り拓く最強のマーケティング

戦略インサイト

桶谷功

ダイヤモンド社

はじめに

「いいモノ」さえつくれば売れる――技術的にすぐれた、性能や品質のいいモノをつくって流通さえさせれば売れる、という日本企業のかつての成功法則は通用しなくなってきている、そう感じている方は多いでしょう。

日本でも海外でも、人々が求めるモノを提供できなければ、いくら高品質でも買ってもらえないことに誰もが気づいていると思います。

日本企業の優れた「モノづくり」の強みを活かしながら、日本の、そして世界の人々に買ってもらえるモノをつくるためには、どうしたら良いでしょうか？

人々の視点で、ニーズをとらえて、モノづくりをすればいい。ほとんどの日本企業にとって、答えはわかっているはずですが、なかなか実現できないのはなぜでしょうか？

それは、日本企業にはそれを実現する「仕組み」がなかったからではないでしょうか。

「マーケティング」という言葉は誰もが知っています。そして、マーケティングは「顧客価値を創造すること」であり、マーケティング4P（Product/Price/Promotion/Place）の概念もよく知られています。

しかし、日本企業で「マーケティング」は何を指しているでしょうか？「販売」「広告」「調査」「顧客サービス」など、限られた企業活動を指していることが多いのではないでしょうか。そして、最も重要な「モノづくり（製品開発）」が含まれてこなかったのではないでしょうか。

製品は、自社の独自技術や研究開発の成果から生み出され、マーケティングは、製品が出来上がってから、それを販売する手段としてスタートする。これでは、ニーズをとらえたモノづくりをしようがありません。しかし、この方法で成功体験を積み重ねてきた日本企業は、そう簡単には変わることができないでいます。

国内市場が人口減で縮小していく中、日本企業が成長していくためには、海外市場の開拓が不可欠です。海外の人々に買ってもらう、あるいは利用してもらうためには、海外の人々が何を求めているかを見極め、製品開発に活かす必要があります。今までのような、高機能・高品質な製品というだけでは、見向きもされないでしょう。モノづくりにもマーケティングの考え方を取り入れる必要があるのです。

国内市場でも、縮小するパイを取り合いしていたのでは成長は見込めません。人々の潜在ニーズを掘り起こし、新たな需要を創造していく必要があります。また、日本国内にとどまっていたとしても、海外からグローバル企業が参入してきます。それらのグローバル企業と戦うためにも、人々のニーズをとらえるマーケティングの考え方は不可欠です。「日本も、世界の中のひとつの市場」なのです。

＊＊＊

本書のタイトルにもなっている「インサイト」とは、人々の潜在的なニーズのこと。まだ顕在化していない、人々自身も気付いていないようなニーズのことです。本書では、インサイトという潜在ニーズを見極め、製品開発を含むマーケティング活動に活かして、事業に成功をもたらす考え方や方法論についてお話ししていきます。

海外でも、日本でも、人々が声にできるような顕在化したニーズは、既に満たされています。まだ、どの企業もとらえていない潜在ニーズをとらえ、新たな市場を創造することが、グローバル企業との体力勝負や現地企業との価格競争に陥らずに成功するカギとなるのです。

けっして、インサイトを見つけることがゴールではありません。インサイトを製品開発などのマーケティング活動に結びつけ、事業に成功をもたらすことがゴールです。

また、その成功を、単発ではなく継続的なものにするため、本書では、個々の製品開発にとどまらず、事業全体の成長を見据えた「**戦略的に活用できるインサイト**」を取り上げます。インサイトは、広告表現のフックや販促の切り口探しなど細かな戦術の開発にも活かせますが、本書では経営にインパクトを与えるような戦略開発に使えるインサイトを取り上げていきます。

戦略は、けっして大企業だけが必要とするものではありません。中小企業やベンチャー企業こそ、市場を一点突破するための戦略が必要だからです。

筆者は、1990年代からグローバル企業で、インサイトを核にしたブランド戦略開発に携わってきました。そして、そのインサイトの考え方を、２００５年に初著「インサイト　消費者が思わず動く、心のホットボタン」で、日本ではじめて体系的に紹介しました。

その後、インサイトの考え方を日本企業がもっと取り入れて飛躍してほしいという思いから、２０１０年にインサイト社を設立。さまざまな日本企業に対して、事業開発や商品開発、ブランド開発などのコンサルティングを行ってきました。

取り組んできた業界は、食品・清涼飲料・ビール・紙おむつ・女性用品・洗剤・化粧品などの消費財をはじめ、家電・クルマ・住宅（マンション開発）などの耐久消費財、フィットネスクラブや百貨店・ファッションECサイトなどのサービス業と多岐に渡ります。ＢｔｏＢ企業でも、インサイトから新規事業開発を行い、インサイトがイノベーション開発に有効であることがわかりました。

また、海外でも、中国・インド・ＡＳＥＡＮなどで、インサイト探索から製品戦略などのマーケティング戦略開発を行ってきました。その中核を担うインサイトワークショップは、日本本社・現地法人・現地の生活者が参加する、とてもエキサイティングなものです。

さらに、インサイトを製品開発に活かし事業の成功をもたらすためには、機能別の部門を超えた全社的な取り組みが必要なため、全社的にインサイトの考え方を導入し企業文化として根付くようお手伝いをしています。

欧米のグローバル企業と日本企業、両方での戦略開発経験から、日本企業の強みも弱みも見てきました。日本企業の強みである技術開発力が、インサイトやマーケティングの弱さから十分に活かされず、事業の成功に結びついていないというのは、あまりに「もったいない」こと。

日本企業が、海外で、そして日本で、人々の潜在ニーズをとらえ、製品開発部門を含む全社でマーケティングに取り組む「マーケティング・カンパニー」になることで、もっともっと世界で活躍することができる。本書が、その一助になれればと願っています。

＊＊＊

日本企業が、マーケティングを経営の中心においた「マーケティング・カンパニー」になり、海外でも日本でも成功するための5つの秘訣を、お話ししていきたいと思います。

まず、第1章では、「インサイト起点のマーケティング」が、どのような成果を生み出すか。そして、どのようなフレームワークで取り組むかという全体像をお話しします。そして、第2章以降で、どう具体的に取り組み、それを「仕組み化」していくかに話を進めます。

第1章　「インサイト起点のマーケティング」の全体像を把握する
第2章　市場機会を見出し、「成長戦略のシナリオ」を描く
第3章　「インサイトからマーケティング戦略」を開発する
第4章　製品開発部門を含む「全社」で取り組む
第5章　製品を超えた「ブランド」戦略を持つ
おわりに――日本を「世界の中のひとつの市場」として見直す

インサイトをとらえた製品が、世界で愛用される

すばらしい画期的な技術を使った製品でも、人々のニーズと結びついていなければ、人々に買ってもらえません。しかし、同じような技術でも、人々のインサイト（潜在ニーズ）を見つけ出し、それをとらえた製品にすることができれば、世界的な大ヒットを生み

図1　フリクション

ます。そんな例を、ひとつご紹介しましょう。

それは、パイロットコーポレーションの「フリクション」。（図1参照）ボディ端のラバーでこすると書いたインクが消える、「消せるペン」として世界的に大ヒットしている製品です。

パイロットコーポレーションには、熱で色が変わるインクをつくる特許技術がありました。文具の製品としては、２００２年に、ラバーでこすると摩擦熱で色がカラフルに変化する「イリュージョン」というペンがテスト的に発売されました。技術的には画期的でしたが、「色を変えて楽しみたい」というニーズは限定的で、実用的な筆記具ではなかったため、市場は大きくありませんでした。

しかし、ヨーロッパ統括チームが、あることに気づきました。

それは、フランスやドイツなどのヨーロッパの国々では、子どもでも学校でノートをとるのに、ボールペンや万年筆を使っているこ

と。書き間違えると、いちいち「インク消し」で消さなければなりません。（ちなみに、鉛筆は図画用です）

インク消しを使うのが当たり前なので、誰も言わないけれども、「ボールペンの字を簡単に消す」というニーズが潜在的にあるのでは、と気付いたのです。

そして、イリュージョンのように、こすることで「色を変える」のではなく、「色を無色透明にする」ことができれば、「書いた字を消せる」のではないかという着想を得たのです。

かくして、「消せるボールペン」が誕生しました。

多国籍のヨーロッパ統括チームが、「フリクション FRIXION」というネーミングも発案。2006年に、世界に先駆けて、まずフランスで発売。ヨーロッパで爆発的なヒットを記録したあと、日本でも発売されました。

まず、需要が大きそうなヨーロッパから市場導入し、日本は世界市場のひとつとして、あとから導入したわけです。

「フリクション」シリーズは、ボールペンのヒットを受けて、蛍光ペンや色鉛筆、スタンプなどに製品ラインを拡大。2006年の発売以来、2017年4月末までに、世界累計販売本数が20億本を超える、大ヒット商品になりました。

このように、インサイト（潜在ニーズ）をとらえた新製品を開発できれば、新しい市場を創造し、大きな成功をおさめることができるのです。

この取り組みを、属人的な才能や偶然に頼るのではなく、組織的に取り組み、継続的に成果を出せるような「仕組み」にすることが、何よりも大切です。

では、その「仕組み」化に向けて、第1章から見ていくことにしましょう。

目次

戦略インサイト

新しい市場を切り拓く最強のマーケティング

INSIGHT

第2章 市場機会を見出し、「成長戦略のシナリオ」を描く

第3章 「インサイトからマーケティング戦略」を開発する

第4章 製品開発部門を含む「全社」で取り組む

第1章

「インサイト起点のマーケティング」の全体像を把握する

1 「ニーズ」をとらえた「製品」こそ、マーケティングの根幹

今まで、日本企業は、「いいモノ（高品質な製品）を、大量につくって安く売る」というやり方で成功してきました。日本でも世界でも、モノが欲しいという需要はそもそもあるのだから、いかに品質が良くて安くつくるかがすべてでした。

しかし、日本をはじめ先進国では、欲しいという欲求は既に満たされ、まったく新しい商品カテゴリーでなければ、もはや需要を喚起できません。また、海外の新興国でも、「（そこそこの品質でも）安い」製品が、ローカルメーカーによってつくられ、日本企業の成功法則が通用しなくなっています。

日本でも海外でも、事業を始めるには、まず「製品」が必要です。その「製品」は、消費財であれば、買い手である人々が「いいな」「それ欲しい」と思って買ってもらえるも

のでなくてはなりません。マーケティングの4Pで言えば、流通・プロモーション・価格といった「売り方」（How）を考える前に、まず消費者のニーズに合った「製品」（What）が必要です。

これに異論を唱える人は、まずいないでしょう。しかし、本当に、消費者のニーズをとらえた製品が、開発され提供されているでしょうか。「売れない」状況が起きたとき、それは「製品」の問題ではなく、流通の配荷、広告プロモーションなどの「売り方」だけの問題ととらえがちではないでしょうか。

日本企業のほとんどは、この「製品」の課題に気付いていますが、どうやって今までの成功法則から脱し、どうやって消費者が求める「製品」を生み出すのか、その道筋が見えていないのだと思います。消費者のニーズを探り出す仕組み、そのニーズをとらえて製品開発に活かす仕組みが、できあがっていないのではないでしょうか。

日本企業の最大の強みである「モノづくり」を活かすためには、消費者ニーズをとらえる「製品」をつくる。そのために、「モノづくり」にマーケティングの考え方を取り入れる。日本企業が、日本でも世界でも活躍するために、今最も求められていることではないでしょうか。

本書では、形のある消費財を中心に話を進めていきますが、「製品」は、消費財に限ったことではありません。製品は、「モノ」をとりまくソフトやサービスも包括して考える必要がありますし、流通・サービス業での商品も含めて、広義に製品を考えていきたいと思います。

ニーズをとらえた製品やサービスによって、飛躍的に売上を伸ばした例は数多くあります。それらは、必ずしも新しい技術や品質の高さが不可欠だったわけではありません。技術や品質以上に大切なのは、ニーズをとらえることです。

例えば、スマホのような新しい製品カテゴリーであっても、実は、技術的には既存技術の組み合わせでつくられているものが少なくありません。スマホは、「電話もできる、パソコン」と言えるものですが、小型のパソコン自体は「iPod touch」で既に開発されていました。しかし爆発的なヒット商品にはなりませんでした。また、インターネット接続の発想は、ドコモの「iモード」で実現されていましたし、メールは「ブラックベリー」で普及が始まっていました。

これらの既存技術を「誰もが持ち歩く携帯電話」に融合して、消費者にとって「これ1台ですべてができる」ようになったため、爆発的にヒットしたといえるでしょう。

製品の調整レベルの変更であっても、特に海外では、現地のニーズをとらえることが欠かせません。

例えば、洗濯洗剤。ある新興国の消費者は「泡立ちが良いほど洗浄力が高い」と思っています。この泡立ちを良くするためには、現地の水質がわからなくてはなりません。日本は「軟水」が多いですが、海外では無機質を多く含んだ「硬水」が多いため、日本の製品のままでは泡がうまく立ちません。これでは、品質が良いどころか、汚れが落ちない洗剤という印象を与えてしまいます。液体洗剤の場合は、「とろっとした」粘度が高い液のほうが、洗剤液の濃度が高くて洗浄力も高いと信じられています。

嗜好品の場合は、なおさらです。現地の消費者の好みがわかっていないと、まったく受け入れられない怖れもあります。インドの消費者が好むお菓子は、日本人には「ぼそぼそ」した「ボロボロ」崩れるような食感のものです。日本人にとっては、あまり美味しいと感じられる食感ではないのですが、インド人消費者の好みに合わせて、お菓子の食感を工夫する必要があるかもしれません。

国内でも、レッドオーシャン（価格競争）にはまることなく、新しい需要を開拓しようと思ったら、今までユーザーでなかった人たちのどういう気持ちをとらえて新規ユーザーを開拓するか、今まで使われてこなかった新たな使用シーンを開拓するため、どういう気持ちをとらえて製品を開発するか、などを見極めなくてはなりません。

このように、まったく新しい新製品の場合から、既存製品の調整の場合まで製品開発のレベルはさまざまですが、消費者のニーズがわかっていなければ、買ってもらえる「製品」をつくることは難しいでしょう。

では、このニーズをどのように探り出して、どうとらえるのか。数々の成功をもたらしてきた「インサイト」という考え方を、さまざまな事例とともに紹介していくことにしましょう。

2 インサイトとは、何か？

インサイトという言葉を、ご存じでしょうか？

欧米のグローバル企業では、１９８０年代の後半から「インサイト」の考え方を取り入れ、90年代にはマーケティングの根幹をなす概念として、「製品開発」にも取り入れてきました。そして、世界中の市場で大きな成功をおさめてきました。

２００５年に、拙著「インサイト」でその考え方と事例を、日本ではじめて体系的に紹介して以降、言葉としてのインサイトはかなり普及し、ビジネスの現場で日常的に使われるようになりました。

しかし、その言葉は非常にあいまいに使われているのが実情です。多くの大手企業のコンサルティングをしていると、インサイトという言葉は普及していても、その意味が人によって違っていたり、マーケティングへの活用のとらえ方が部門によって大きく異なって

図2　インサイトとは？

① 消費者に潜在しているニーズ

② マーケティング活動への「ひらめき」を与えるもの

③ その企業に最もふさわしい、絞り込まれたもの

いたりします。

消費者インサイトとは、「消費者に潜在しているニーズで、その企業がマーケティング活動に活かすことができるもの」です。マーケティング活動に、「ひらめき」（アイデアへのインスピレーション）を与え、事業に成功をもたらすものです。

これから、パナソニックのポケットドルツや中国での洗剤の事例を使って、インサイトがいかに大きな成功をもたらすかを見ていきますが、その前に、インサイトを定義し活用する上での大切なポイントをおさえておきましょう。（図2参照）

① 消費者に潜在しているニーズ

消費者のニーズが顕在化している、つまり消費者が声に出

して「こういうものが欲しい」と言えるものは、既に満たされている場合がほとんどです。まだ、消費者自身も気付いていないような未充足ニーズ、それが潜在ニーズです。消費者の心のホットボタンとも言えるもので、製品などのマーケティングによってそのボタンを押されると、「そう、そういうものが欲しかったんだ」と購入を喚起されるものです。

インサイトを「潜在ニーズ」と定義づける理由には、次の2つがあります。

一つ目。戦略開発に活かせるインサイトは、事業の存続や成長を支える、人の根源的なニーズをとらえている必要があるためです。

二つ目。経営陣を含むさまざまな階層で、また研究開発部門などさまざまな部門で、インサイトを共有し活用することが容易になるためです。4章で詳しく触れますが、曖昧な定義では、全社で共通認識をもって取り組むことが難しくなるためです。

② マーケティング活動への「ひらめき」を与えるもの

インサイトは、「製品」をはじめとしたマーケティング活動に活かされてはじめて、事業に成功をもたらします。そのため、インサイトは、「調査部門」だけが探索しても、成果を出せません。「製品開発部門」や「広告プロモーション部門」など、さまざまな部門がインサイトを共有し、そこからアイデアを生み出し、実行に移してはじめて成果が出ます。

③ その企業に最もふさわしい、絞り込まれたもの

マーケティング活動に活かすため、インサイトは、その企業が最もとらえるにふさわしく、かつ実現可能なものに、絞り込み、特定する必要があります。その企業にふさわしいインサイトとは、その企業のビジョンに合っていて、企業の資産や強みを最大限活かせるものです。

以上からもわかるように、インサイトはけっして、単なる「消費者理解」や「消費者における発見」ではありません。定量調査（アンケート調査などに代表される数字で結果が表される調査）の結果は、調査結果であってインサイトではありません。

消費者のトレンドスタディは、消費者の動向や意識変化を知ることで、インサイトを探るベースにはなっても、それがそのままインサイトになるわけではありません。

また、さまざまな調査手法が開発されていますが、そこから発見された消費者の深層心

理がいくら「興味深い（おもしろい）発見」であったとしても、マーケティング活動に活かせるものでなければ、インサイトではないのです。

これらは、すべて消費者についての発見が羅列されているだけで特定されてはいません。どの潜在ニーズをとらえた、どういう製品の開発が最も成果を出せるか、といった議論を経て、企業がとらえるべき潜在ニーズを「特定」してはじめてインサイトと呼べるのです。

とりあえず「インサイト調査をしてみた」という企業が、「へー、おもしろいね」で終わり、事業部門から「で、どうするの？」という結果に終わった。そういう事例に数多く接してきました。それはすべて、インサイトの意味や「インサイトとはマーケティングに活かすもの」という社内の共通認識がないまま、調査だけを行っているためです。

「インサイト」は、あくまで、事業や製品の成功をもたらすマーケティング活動を生み出すためのもの。真のニーズを抽出でき、マーケティング活動に活かせる洞察力があれば、調査は必ずしも必要ではないのです。

では、消費者インサイトをとらえて、製品開発を含むマーケティング活動を行い、成功した事例として、パナソニックの「ポケットドルツ」を見ていくことにしましょう。

3

―― 国内事例 ――

パナソニック「ポケットドルツ」

「ポケットドルツ」は、2010年に発売されてヒットした携帯用の電動歯ブラシです。(図3参照)

当時、電動歯ブラシ市場は、横ばいが続いていました。各メーカーは、振動数の多さや歯垢除去率の高さなどを競い、その性能の良さをアピールしていましたが、2006年～2009年まで、220万本前後で伸び悩んでいました。

高性能・高品質のモノをつくったからといって、市場を拡大できるわけではないという典型的な状況です。また、振動数といった性能面での「同軸競争」に陥り、消費者から見ると、何がどう違うのか差がよくわからない状況にありました。

この「同軸競争」は、技術主導型のメーカーが陥りやすい一種のワナのようなものです。

図3　パナソニック「ポケットドルツ」

本体一体型
キャップ付
※ 黒は黒のブラシ、シルバー調・オレンジ・
ピンク・レッドは白のブラシです

競合が性能の良い製品をつくると「負けてなるものか」とばかりに開発競争をしてしまいます。その結果、逆説的ですが、「差別優位性」を競うほど「同質化」していきます。

また、この同軸競争は、消費者調査を行っても陥ることがよくあります。各メーカーが振動数を競っていて、広告などでそれをアピールしていると、消費者はその差がわからなくて興味を持っていなくても、「電動歯ブラシを選ぶとき重視する点は何ですか？」と訊かれると「振動数」と答えるのです。それは、各メーカーが振動数をアピールしていて、それ以外の選択基準を与えられていないからです。

これが消費者の気持ちを見極める難しさ

で、消費者調査は、各メーカーのマーケティング活動の結果を表しているにすぎないことがよくあるのです。

また、当時、電動歯ブラシのユーザーだったのは、主に中高年の男性でした。使用場所は、主に自宅。使用目的は、歯周病予防などのためで、口腔衛生用機器という位置付けでした。女性や若年層は電動歯ブラシを使っておらず、自宅外で使用されることはありませんでした。

そういう状況の中、パナソニックの担当チームは、若い女性がランチ後に歯磨きをしていることに着目しました。歯磨きという行為はしているけれども、電動歯ブラシを使わずに手磨きをしている。もし、女性がランチ後の歯磨きに電動歯ブラシを使ってくれたら、市場を拡大できるのではないか。これが、「市場機会の発見」です。

まず、商品カテゴリーが成長する、どういう余地・機会がありそうかという仮説を持つことが大切です。「女性」という新しいターゲットが、「オフィスでランチ後」という新しい使用シーンで電動歯ブラシを使ってくれれば、新しい市場を創造できる、という仮説です。

ランチ後に化粧室で歯磨きしている女子は、なぜ電動歯ブラシを使わないのか？

市場機会が設定できてはじめて、消費者インサイトを掘り下げていくことができるようになります。まず、ターゲットが「ランチ後に歯磨きをしている、働く女性」に仮設定され、彼女らの心理を探ることになります。今までのユーザーである中高年男性の使用理由などを、いくら掘り下げていても有用な発見はできません。

彼女たちは、手磨きしているのに、なぜ電動歯ブラシを使わないのか？

それは、「大きすぎる」というサイズや「音が大きい」という機能的な問題だけではありません。さらに理由を掘り下げていけば、「今の電動歯ブラシは、おじさん臭くて、使うのが恥ずかしい」「そんな大きな電動歯ブラシで、ブワーンとか鳴らしながら歯磨きしたら、まわりの女子から歯周病にでもなったの？　と思われてしまう」といった心理的な抵抗感があることもわかります。

一方、化粧品は人前でも堂々と使えるし、「それ、いいね」と話題になったりもします。女子に化粧室で使ってもらうためには、化粧品のような「見え方」が大事だというヒントが得られます。

さらに、このチームが素晴らしかったのは、化粧室で使うものは、「化粧ポーチ」に入れていくということに目を付けたことです。ここから、社内の女子社員の「化粧ポーチ」観察という、一種のエスノグラフィともいえる調査が始まりました。聞くところによると、開発リーダーは男性でありながら、まわりの女子社員に頼み込んで、100人くらいの化粧ポーチの中を見せてもらい、写真に撮ったといいます。そして、「マスカラ」サイズの大きさなら、まだ1本入るスペースがあるという発見を得たのです。

そして、働く女子がオフィスでランチ後に使う「マスカラのような、電動歯ブラシ」という新製品のコンセプトを開発しました。ここで大切なのは、「化粧品のような」にとどまらず、「マスカラのような」に特定するまで、インサイトを掘り下げたことです。

その後、製品を開発するにあたって、技術開発部門との間で議論があったといいます。サイズをマスカラまで小さくすると、既存の電動歯ブラシと同じ「フルスペックの性能」を実現できるかどうか。「もう少し大きくてもよいか」「質感やデザインを化粧品のように女性向けにすれば十分なのではないか」という議論です。

しかし、マスカラサイズであることが何より重要なことは、インサイト探索から明らかです。「マスカラサイズでないと、化粧ポーチに入らない。化粧ポーチに入らなければ、この製品は使ってもらえない」ということが、技術開発部門や経営陣にも共有され、マスカラサイズが実現したのです。

そして、「性能」は、従来の振動数などのスペック基準ではなく、「歯がツルツルになる爽快感」を実現しました。消費者にとっては、スペックよりベネフィットを実感できる「知覚品質」のほうが価値を持ちます。

第三者が客観的に見れば、「スペックとしての性能」より「化粧ポーチに入る小ささ」のほうが消費者にとって価値があり重要なことは、すぐにわかるでしょう。これを読まれている方も、議論の余地なしと思われたことでしょう。

しかし、実際の企業内の現場ではよくあることだと思いますが、技術主導で「モノづくり」をしてきた多くの日本企業では、（消費者のニーズより何より）性能や品質が重要という伝統や文化があるのではないでしょうか。

製品上は、さらにマスカラのような「質感」のカラーリングをしています。ここでも、なぜ似たような色が7色も必要なのか？　が議論になったようです。女性から見れば、この濃いピンクと薄いピンクは、ぜんぜん違うと感じるバリエーションでも、男性の経営陣からすれば、なぜ？　という疑問が湧いたということです。
また、化粧台で転がっていかないように「やや楕円」の形状になっていること、ポーチの中でキャップがとれて不衛生にならないよう、キャップがきつめになっていること、などなど、女性のユーザー視点からさまざまな工夫がなされています。

このポケットドルツは、「女性用のオフィス使用」という新しい市場を創造することに成功しました。２００９年度まで、２２０万本前後で推移していた電動歯ブラシ市場を、２０１０年度には４００万本にまで拡大したのです。

さらに、電動歯ブラシという商品カテゴリーの定義を「歯周病予防のための口腔衛生用品」から、「身だしなみのためのビューティケア・アイテム」に変えることにも成功したといえます。商品カテゴリーに革新をもたらし、リフレーミング（再定義）をすることにも成功したのです。

では、この事例を使いながら、「インサイトを起点として、どのように製品開発を含むマーケティング戦略を開発すれば、ヒット商品が生まれるのか」を、さまざまな業種で汎用的に、再現可能なフレームワークの形にしてご紹介していきたいと思います。

4 「インサイト起点のマーケティング戦略」を成功に導くフレームワーク

インサイトを起点にして、どのようにマーケティング戦略を開発すれば、事業の成功やヒット商品を生み出すことができるのか。（**図4参照**）

考え方の最大のポイントは、上部の「消費者」と、下部の「企業・ブランド」を結びつけることです。企業側がいくら優れた技術を持っていたとしても、消費者が求めていることと結びつかなければ、意味を持ちません。この接点こそが、消費者にとっての「価値」を生み出し、「そういうものが欲しかった」という感情を生み出すのです。

① 消費者ターゲット ——誰に買ってもらえるチャンスがありそうか？

誰のインサイトを掘り下げるか？　それは、誰に買ってもらえるチャンスがありそうか、

図4　「インサイト起点のマーケティング戦略」のフレームワーク

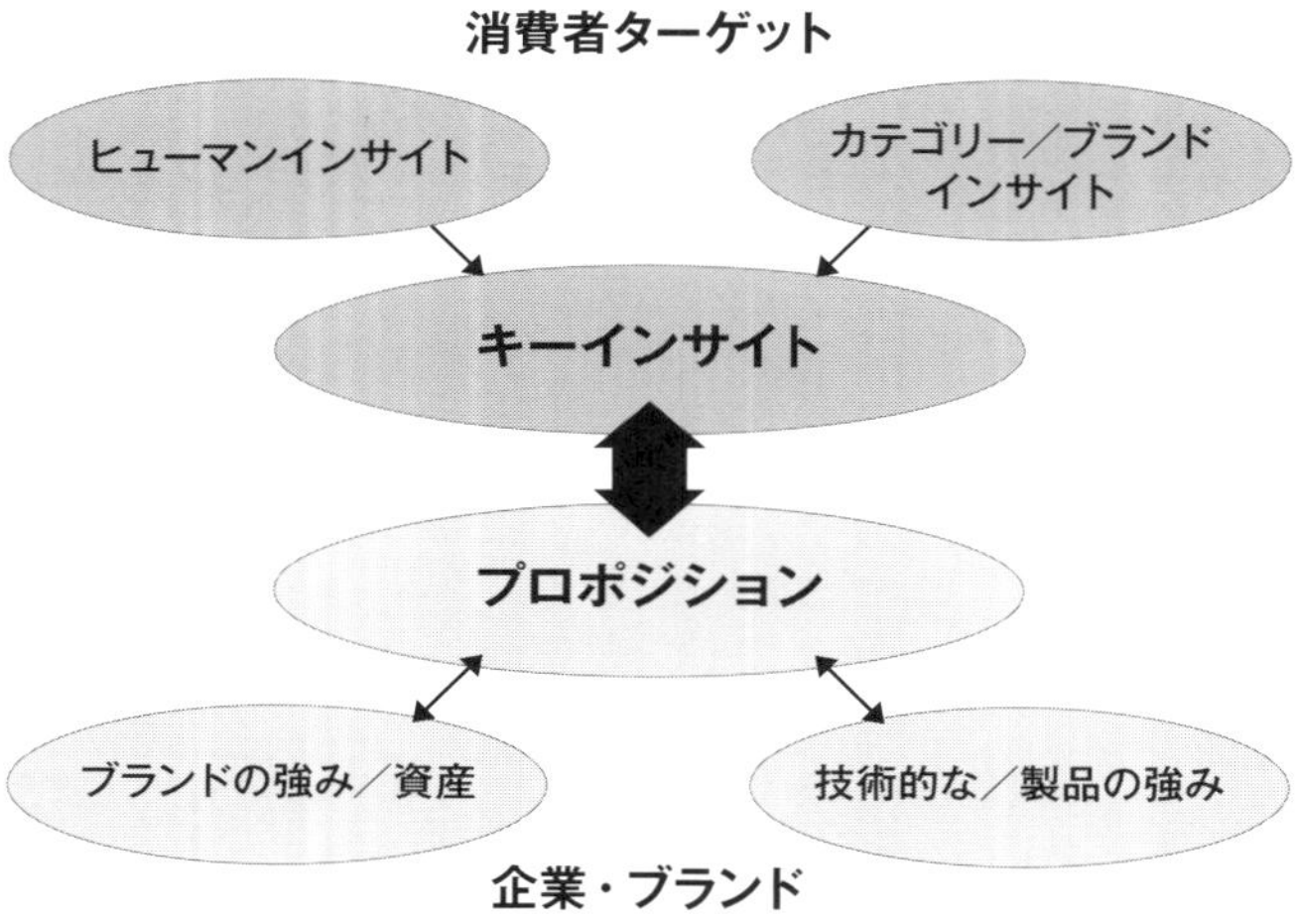

そして、誰の心をとらえることで市場を拡大できるのか、という質問に答えることにほかなりません。

ポケットドルツの場合は、若い女性をターゲットにしました。（図5参照）それは今までの電動歯ブラシのユーザーである中高年男性を取り込むだけでは成長に限界があるため、若い女性を新たなユーザーとして取り込めないかと考えたからです。つまり、女性向け商品に電動歯ブラシの成長余地がある、市場機会があるのではないかという仮説を持ったわけです。

図5　消費者ターゲットを設定する

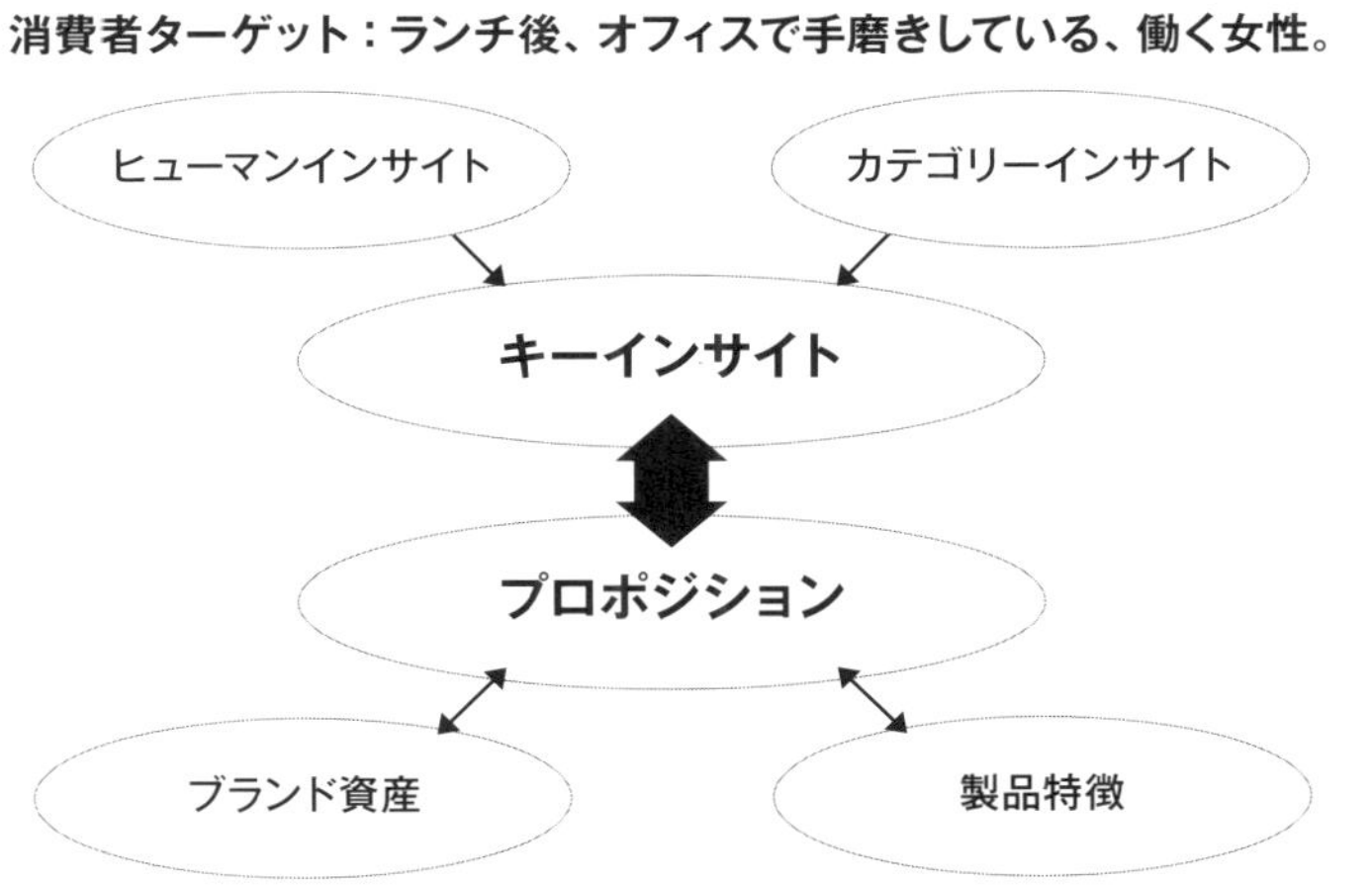

②キーインサイトをどう導き出すか？

キーインサイトは、「カテゴリー／ブランドインサイト」と「ヒューマンインサイト」の組み合わせで導き出します。これらの構造を順に見ていくことにしましょう。

カテゴリー／ブランドインサイト ～商品カテゴリーやブランドのことをどう思っているか？

消費者の商品カテゴリーやブランドに対する認識や感情のことです。単に「好き」といった感情や「高級な」などの表層的なイメージだけでなく、もっと奥底にある深層心理を探り出したり、感情やイメージのもとになっている要因を明らかにしたりします。そして、以下の2点を明らかにすることを目的とします。

- なぜ、その商品カテゴリーやブランドを使うのか、という真の「モチベーション」は何か？
- なぜ、その商品カテゴリーやブランドを使わないのか、という「バリア（心理的な抵抗感）」は何か？

ポケットドルツの例で言えば、ターゲットの女性が電動歯ブラシという商品カテゴリーに対して抱いている気持ち。それは、「ランチ後に歯を磨いているけど、電動歯ブラシは、オヤジ臭くて、恥ずかしくて使えない」という心理的なバリアです。**（図6参照）**

今まで、ほとんどの企業が消費者について知ろうとしたとき、まず取り組むのは「既存ユーザー」で、該当する商品カテゴリーや自社・競合ブランドに対する認識やイメージの把握でした。消費者調査も主にこの領域で行われ、知見を積み重ねてきたのも、業界内のことが中心だったのではないでしょうか。

しかし、この領域だけで、マーケティング活動を導き出すと、次のような問題に直面す

図6　カテゴリーインサイトを導き出す

消費者ターゲット：ランチ後、オフィスで手磨きしている、働く女性。

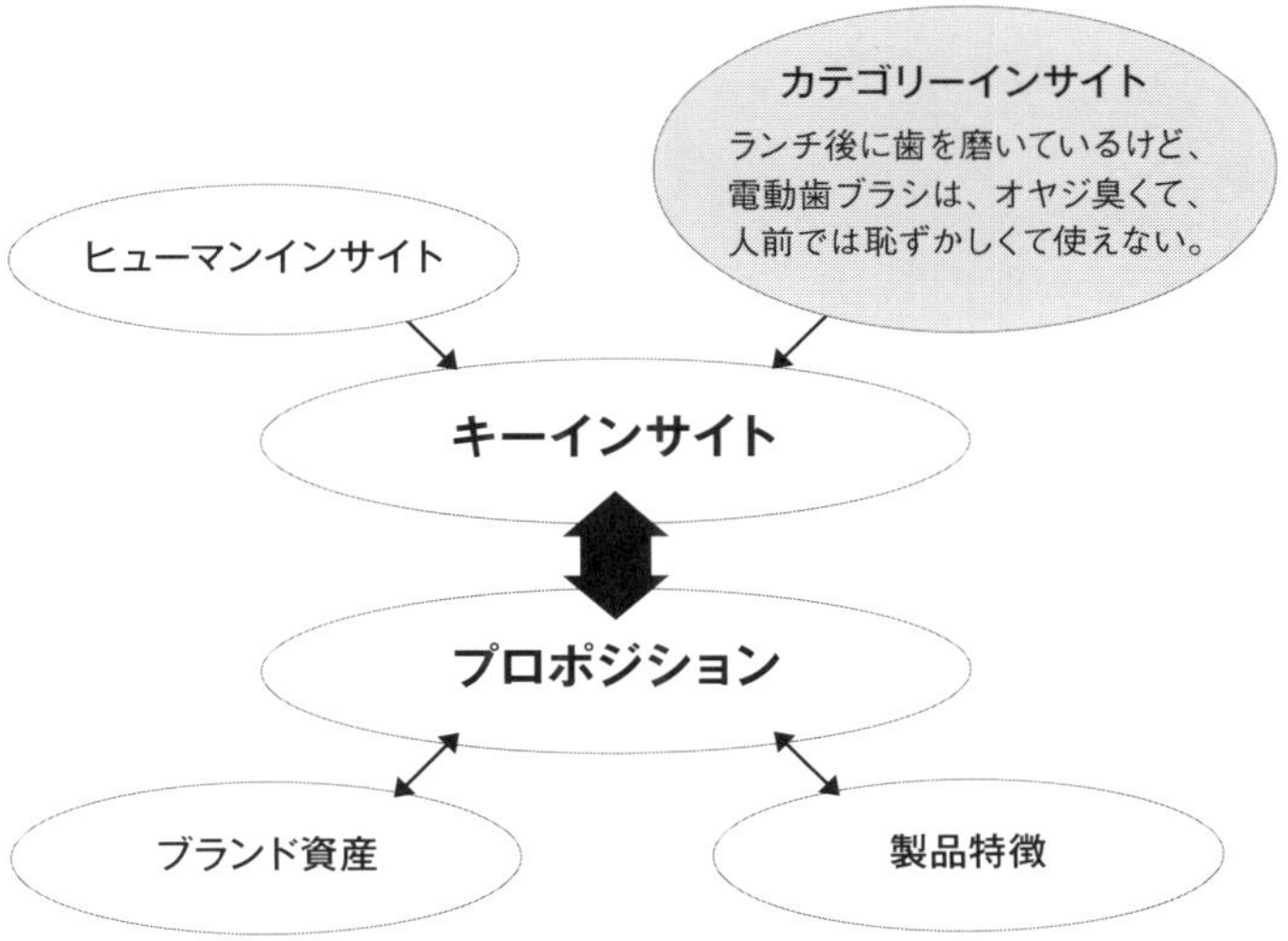

る危険があります。

競合と同じ軸で性能を競う「同軸競争」に陥りがちで、結果として消費者不在になります。電動歯ブラシの例で言えば、ポケットドルツが発売される前は、「振動数」という「同軸競争」に陥っていたと言えるでしょう。そして、消費者にとって意味のある差別化ができなければ、価格競争に陥る「レッドオーシャン」が待っています。

では、カテゴリーインサイトだけではなく、ターゲット消費者のどういう領域のインサイトを探れば、より効果的な解決案を生み出せるのでしょうか。

それが、ヒューマンインサイトの領域です。

ヒューマンインサイト　～そもそも、人は何を求めているか？

特定の商品カテゴリーやブランドと関係なく存在する、「人としての感情やニーズ」のことです。主なところでは、「夢や願望」、「怖れや不安」、自分はどうありたいか／人からどう見られたいかといった「セルフ・イメージ」、平日と休日でニーズが異なるなど状況ごとに発生する「シチュエーション・ニーズ」などがあります。

ポケットドルツの例で言えば、「ランチ後の化粧室は、社交場。化粧品など、人前で使ったり話題にしたりするものは、オシャレでなくちゃ。また、化粧室に持っていくものは、ポーチに入れていく」です。（図7参照）

これらは、今の電動歯ブラシとは関係なく、「ランチ後に化粧室で」という特定の場所におけるニーズになります。「社交場」という人前で、身だしなみを整えるため、「人からどう見られたいか」が関わってきますし、「ポーチに入れていく」という行動観察が元になっています。

図7 ヒューマンインサイトを導き出す

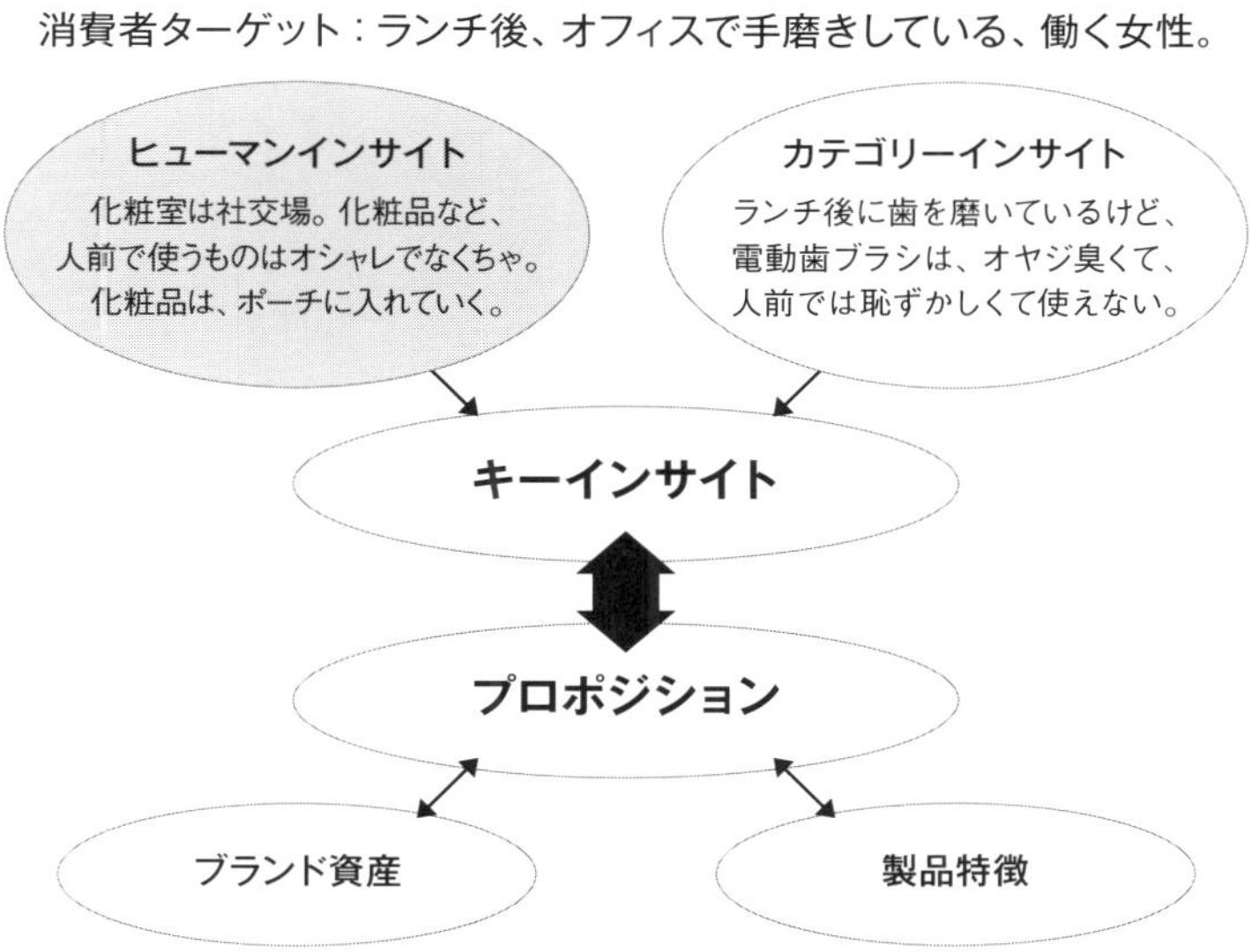
消費者ターゲット：ランチ後、オフィスで手磨きしている、働く女性。
ヒューマンインサイト
化粧室は社交場。化粧品など、
人前で使うものはオシャレでなくちゃ。
化粧品は、ポーチに入れていく。
カテゴリーインサイト
ランチ後に歯を磨いているけど、
電動歯ブラシは、オヤジ臭くて、
人前では恥ずかしくて使えない。
キーインサイト
プロポジション
ブランド資産
製品特徴

これらは、人が「そもそも」どうありたいか、何をしたいのかという根源的なニーズです。一見、商品カテゴリーやブランドから離れているため、製品と結びつかないのではないかと感じる人もいるかもしれません。

しかし、成功している事業やブランドの多くは、この根源的なニーズをとらえています。それが、長期にわたって「欲しい」「それがいい」という気持ちを生み出し続け、継続的に成功を収めるカギなのです。

また、まったく新しい需要を創造するような新しいカテゴリー（あるいは、サブカテゴリー）を生み出す場合、このヒューマンインサイトが非常に大切になります。

キーインサイト　～消費者の心のホットボタン

企業やブランドがとらえるべき潜在ニーズ（未充足ニーズ）です。これを押されると思わず買ってしまう、心のホットボタンともいえるものです。

新製品開発などのマーケティング活動へ「ひらめき」を与え、そのマーケティング活動を通して成果を出すものです。キーインサイトは複数の候補が生まれますが、消費者の最も強いニーズは何か、その企業に最もふさわしいものは何か、に絞り込み特定します。

キーインサイトは、多くの場合、ヒューマンインサイトとカテゴリーインサイトのギャップに着目して導き出します。「そもそも、こういうことがしたい」という根源的なニーズと、「でも、今ある商品は、そうじゃない」という既存商品カテゴリーとのギャップから、未充足ニーズであるキーインサイトを導き出すのです。

ポケットドルツのケースでいえば、「ランチ後に歯磨きや化粧直しをしているが、電動歯ブラシは恥ずかしくて使えない」です。（図8参照）「化粧室で使うものは、化粧ポーチに入り、かつオシャレなものがいい」というヒューマンインサイトと、それを満たしてい

図8　キーインサイトを導き出す

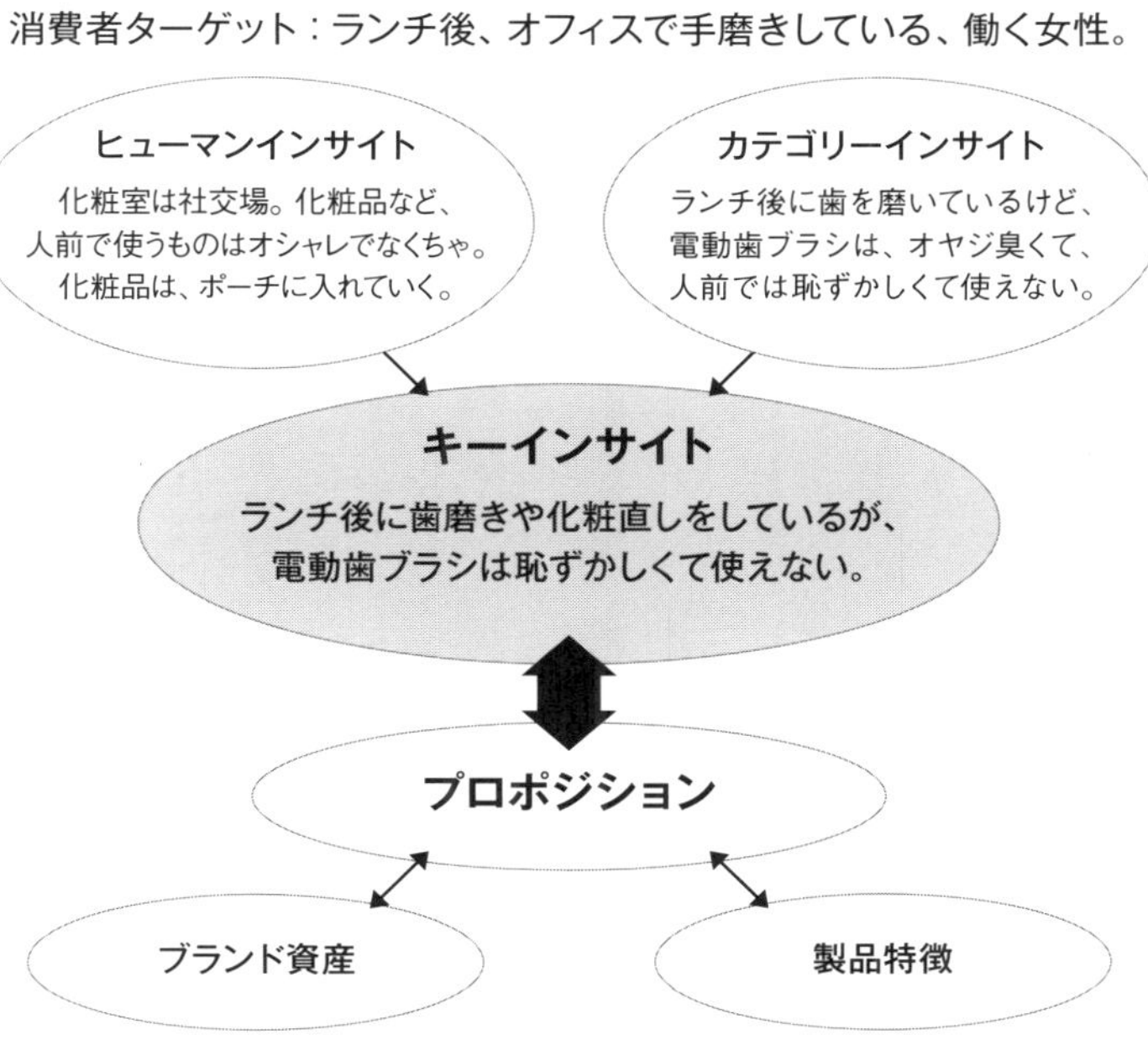

消費者ターゲット：ランチ後、オフィスで手磨きしている、働く女性。
ヒューマンインサイト
化粧室は社交場。化粧品など、
人前で使うものはオシャレでなくちゃ。
化粧品は、ポーチに入れていく。
カテゴリーインサイト
ランチ後に歯を磨いているけど、
電動歯ブラシは、オヤジ臭くて、
人前では恥ずかしくて使えない。
キーインサイト
ランチ後に歯磨きや化粧直しをしているが、
電動歯ブラシは恥ずかしくて使えない。
プロポジション
ブランド資産
製品特徴

ない「大きくて、オヤジ臭い電動歯ブラシ」というカテゴリーインサイトとのギャップに、電動歯ブラシが満たしていない「未充足ニーズ」があると考えるわけです。

③プロポジション ——企業やブランドから、何を提案するか？

プロポジションとは、企業やブランドから、消費者への「提案」のことです。消費者の潜在ニーズであるキーインサイトをとらえるため、企業からどのような提案を行うか、ということです。

プロポジションは、どういうマーケティング活動に活かすかで、その意味合いが異なってきます。

例えば、新規事業の開発を目指している場合、プロポジションは「新規事業コンセプト」として開発します。新しいブランドを立ち上げる場合には「ブランド・コンセプト」、新製品開発の場合は「新製品コンセプト」として開発します。また、既存ブランドの活性化を図るための広告コミュニケーションなどを開発する場合は「コミュニケーション・コンセプト」や「キーメッセージ」となります。

ポケットドルツのケースで言えば、プロポジションは「マスカラのような、電動歯ブラ

図9 プロポジションを開発する

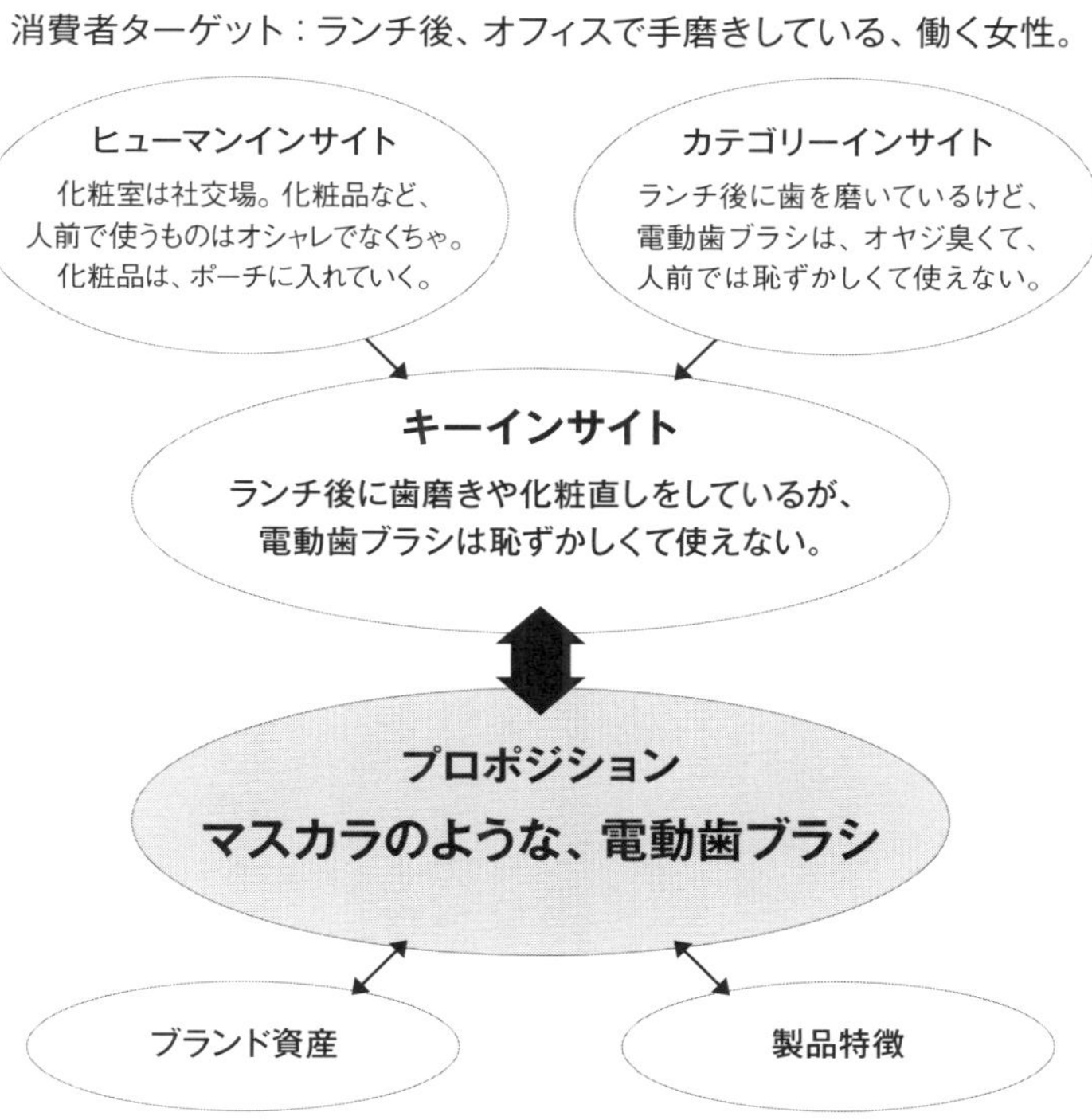
消費者ターゲット：ランチ後、オフィスで手磨きしている、働く女性。
ヒューマンインサイト
化粧室は社交場。化粧品など、
人前で使うものはオシャレでなくちゃ。
化粧品は、ポーチに入れていく。
カテゴリーインサイト
ランチ後に歯を磨いているけど、
電動歯ブラシは、オヤジ臭くて、
人前では恥ずかしくて使えない。
キーインサイト
ランチ後に歯磨きや化粧直しをしているが、
電動歯ブラシは恥ずかしくて使えない。
プロポジション
マスカラのような、電動歯ブラシ
ブランド資産
製品特徴

シ」。（図9参照）オシャレさやサイズを、「マスカラ」に集約させた「新製品コンセプト」となります。

④製品やブランドにどう落とし込むか？

プロポジションを具現化したものが「製品」や「ブランド資産」です。ポケットドルツの場合で言えば、製品は、サイズもデザインも「マスカラのような」電動歯ブラシですし、最大のブランド資産は「ビューティ・アイテム」というイメージ形成になります。（図10参照）

ポケットドルツの成功要因

では、ここで、フレームワークを使って、ポケットドルツの成功要因をまとめてみましょう。

●まず、「働く女性のランチ後のオフィス使用」という市場機会に目をつけたこと。

●女性が化粧室で使う仮設定のもと、ヒューマンインサイトである「化粧品のようにオ

図10　プロポジションを「製品」「ブランド」に落とし込む

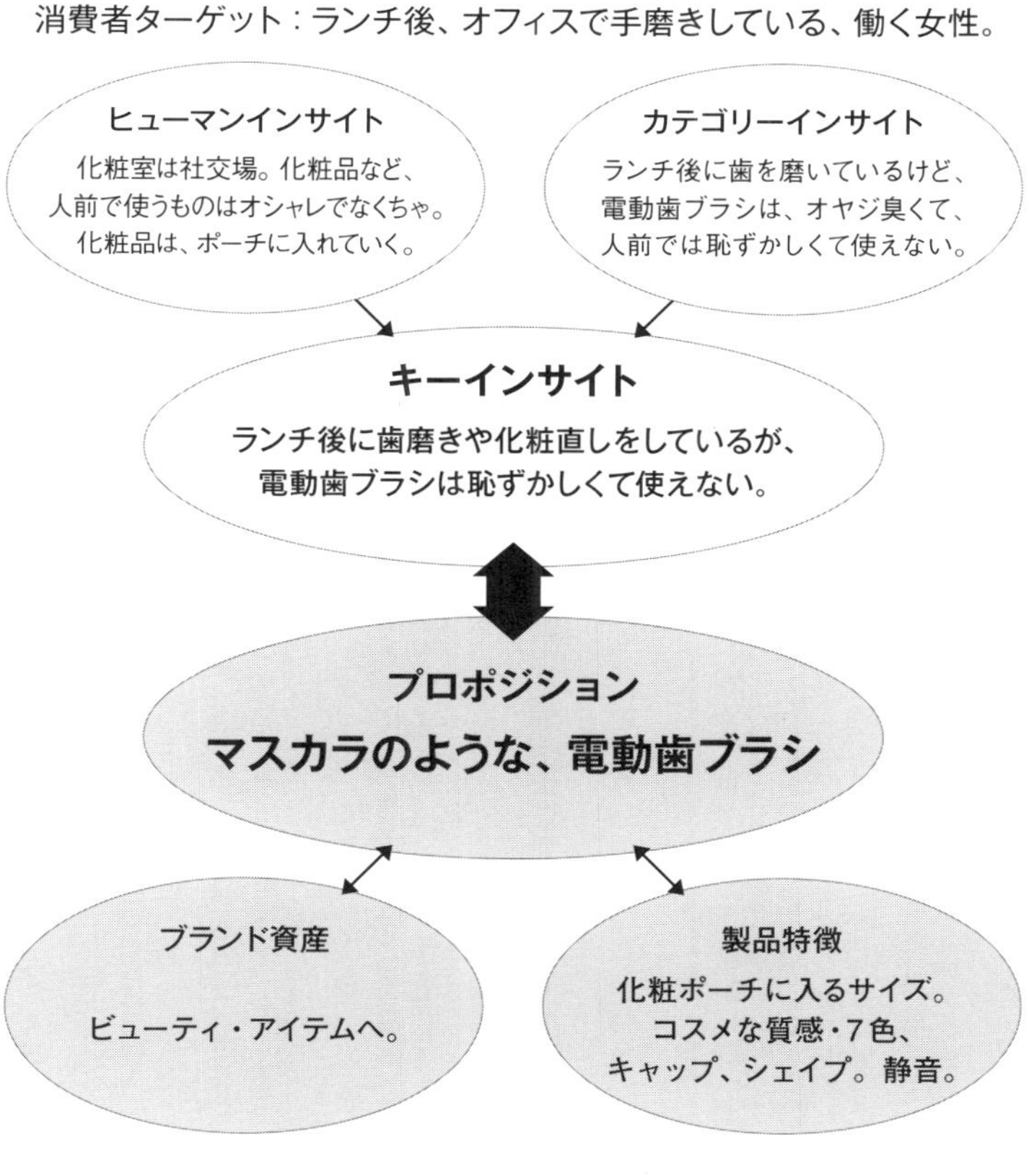
消費者ターゲット：ランチ後、オフィスで手磨きしている、働く女性。
ヒューマンインサイト
化粧室は社交場。化粧品など、
人前で使うものはオシャレでなくちゃ。
化粧品は、ポーチに入れていく。
カテゴリーインサイト
ランチ後に歯を磨いているけど、
電動歯ブラシは、オヤジ臭くて、
人前では恥ずかしくて使えない。
キーインサイト
ランチ後に歯磨きや化粧直しをしているが、
電動歯ブラシは恥ずかしくて使えない。
プロポジション
マスカラのような、電動歯ブラシ
ブランド資産
ビューティ・アイテムへ。
製品特徴
化粧ポーチに入るサイズ。
コスメな質感・7色、
キャップ、シェイプ。静音。

シャレな」という気持ちと、カテゴリーインサイトである「今の電動歯ブラシは、オヤジ臭くて、恥ずかしくて使えない」というギャップから、潜在ニーズであるキーインサイトを導き出していること。

●製品化には、「化粧ポーチ」に入れることができる「マスカラ」サイズに特定し、「マスカラのような、電動歯ブラシ」とプロポジション（製品コンセプト）を明確にしたこと。

●そのインサイトとプロポジションを明確にすることで、開発部門や経営陣の合意を得たこと。

フレームワーク活用のカギ

では、このフレームワークをどのように活用すれば、事業や製品の成功をもたらすことができるか、そのカギを握るフレームワーク全体の特徴についてお話ししておきたいと思います。

①消費者を上に置く

消費者と企業・ブランドを結びつけるのですが、つい企業側から発想してしまいがちなため、消費者を上に置きます。

今まで、技術的な強みを活かして製品をつくり、それをどう消費者に売っていくか、という思考パターンが主流だったため、つい企業側の論理で発想しがちです。この思考パターンですと、上下が逆転してしまいます。

あくまで、消費者ニーズに基づいてマーケティング活動を行っていくことが、成功のカギを握っているのです。

②キーインサイトとプロポジションをセットで開発する

キーインサイトとプロポジションの間の矢印が、双方向になっていることに気付かれたでしょうか。

インサイトは、実際のマーケティング活動に結びついてはじめて成功をもたらします。そのため、キーインサイトとプロポジションは「セット」で「同時」に開発し、特定します。けっして、キーインサイトだけを先に特定することはありません。

先にもお話ししたように、「インサイトはわかったけど、で、どうするの？」といった不毛な議論を避け、成果をもたらすためには、必ずセットで同時に開発する必要があるのです。

③インサイト&プロポジションのセットを、複数、特定する場合がある

消費者のニーズは、ひとつとは限りません。そのため、複数のセットが生まれます。その中で、企業が強みを発揮できるものに絞るのですが、いくつか次元の異なるセットを特定する場合があります。

例えば、短期的には、製品開発が容易なセットAを採用する。中期的には、技術的なイノベーションを必要とするが、より本質的なニーズをとらえられるセットBも採用しようといったケースです。

複数のセットを採用する場合は、優先順位をはっきりさせることが、成果を出す上で重要になります。

では、このフレームワークを使って、どのように「インサイト起点でマーケティング戦略を開発するか」、今度は海外の事例を使って、見ていくことにしましょう。

5

―海外事例―

中国における「洗濯洗剤」

中国における洗濯洗剤を題材にして、その「製品開発」を考えてみましょう。

近年、中国人旅行者の「爆買い」が話題になりましたが、それはある意味「たまたま」その日本製品が中国人のニーズに合っていたという意味合いのものが多かったのではないでしょうか。そして、「爆買い」需要を喚起するため、中国国内で浸透しているWe-chatなどのメディアを使ってプロモーションをすることも注目されていますが、これは「売り方」に関するものです。まず、中国人が何を求めているかという「製品」がなくては成功しないでしょう。

中国の洗濯洗剤に話を戻しましょう。

中国では、既にさまざまな洗剤が販売されています。ローカルメーカーの「藍月亮

(Blue Moon)」「立白（Liby)」、グローバル企業のP&Gの「Tide」、ユニリーバの「OMO」など、さまざまなブランドがしのぎを削っています。

日本のメーカーは、まだまだ存在感がなく、単に「洗浄力が高い」といった性能や品質の良さだけでは、差別化できないでしょう。新規のメーカーとして参入し、成功するためには、まったく新しい切り口が必要になります。


まったく新しい切り口を見つけ出すためには、既存の競合ブランドがどういうポジショニングをとっているか、どういう機能を持っているか、どうそれらと差別化するかという商品カテゴリー内の洞察（カテゴリーインサイト）だけでは限界があります。

中国人は、どういう環境で生活をしていて、どのように洗濯をしているのか、という実態をまず知ること。その上で、中国人は、何を望んでいて、何を怖れているかといった、広い視点からの洞察（ヒューマンインサイト）を得ることが、ヒット商品に不可欠な新しい切り口を見つけ出すことにつながるのです。

中国人は洗濯機があるのに、なぜ「手洗い」するのか?

中国の中間層の一般的な家庭には、「洗濯機」があります。しかし、洗濯機があるのに、多くの主婦は「手洗い」をします。これは、なぜだと思いますか?

その理由を知るために、まず中国人の生活ぶりを見てみることにしましょう。

図11上は、広州(香港の近くの大都市)の中間層(月収7~10万円くらいの世帯)の一般的な集合住宅の外観です。かなり汚れた感じです。エレベーターは付いていませんし、廊下などの共用部はかなり汚れています。

その一方で、それぞれの住宅の中は、とてもきれいです。**(図11下左右**参照)はじめて家庭訪問をすると、かなりびっくりします。汚れた階段を上がっていくと、家の中も同じような汚さを想像してしまうので、玄関ドアが開いたとたん、「わー、きれいなお家ですねー」とびっくりします。

これは、このお宅に限ったことではありません。中国では、住宅を買って、たいてい全面フルリフォームをします。日本でも、スケルトンリフォームといって、いったんコンク

図11 広州の中間層の集合住宅

リートの躯体の状態にしてから、内装を一からやり直す人がいますが、中国ではそれが一般的なのです。家の中は、きれいに掃除されており、リビングには薄型テレビやPCなどもあります。

その反対に、中国では、ほとんど共益意識がありません。所有持分以外のところ、外観や廊下などですが、ここをきれいにする意識に乏しいようです。端的に言えば、「自分の家の中がきれいなら、外はどうでもよい」ということです。例えば、家の中のゴミを平気で窓から外に捨てたりします。なので、集合住宅のすぐそばを歩く人はほとんどいません。上から、ゴミなど何が降ってくるかわからないからです。

こういう環境で生活しているため、「家はきれいで清潔」だが、「外は汚れていて不潔」という感覚を強く持っています。特に、中国人は「菌」を強く意識していて、外は「菌」だらけで、それを家の中に持ち込みたくないと思っているのです。

つまり、外気に触れる上着やYシャツには菌がいっぱい付いている。それを下着と一緒に洗うと菌が移って、下着まで菌だらけになってしまう。菌が付いた下着を着たら、肌にトラブルが起きる。特に、子供の肌は弱いから、子供の下着には菌が付かないようにしなければならない、と主婦は思っています。

そのため、上着やYシャツ、ズボンなどは洗濯機で洗っても、肌着、特に子供の肌着は別にして手洗いをするのです。洗濯機の洗濯槽は、菌だらけだと思っているので、ほとんどの家庭で「洗濯機用の消毒剤」を定期的に使っているのですが、それでも洗濯機で肌着を洗うのには抵抗感があるようです。

また、子供が肌トラブルなど起こしてしまったら、主婦として失格です。子供の肌着まで洗濯機で洗っていると、義母（姑）から批判されたりもします。今でこそ、一人っ子政策は見直されましたが、一人っ子の家庭は圧倒的に多く、子供はとても大切な存在なのです。

以上の発見から、フレームワークを使って、「キーインサイトとプロポジション」を開発してみましょう。（図12参照）

フレームワークを使って、中国の洗濯洗剤を考えてみましょう

ヒューマンインサイトは、「家族、特に子供の肌を、菌から守りたい」という根源的なニーズです。（これは、洗濯洗剤という製品カテゴリーには限定されないニーズなので、例えば、洗濯槽の菌を自動洗浄する「洗濯機」や、抗菌繊維を使った「下着」など、さまざまな製品カテゴリーがとらえることができるニーズです）

その根源的なニーズに対して、「洗濯洗剤」という製品カテゴリーはどう対応しているかを見てみます。カテゴリーインサイトは、「今の洗濯洗剤は汚れを落とすだけで菌まで取り除けないから、下着は手洗いをする」になります。菌から守るというニーズを、洗濯洗剤は満たしていないので、手洗いという洗濯行動をしているわけです。

図12 フレームワークにまとめた「中国における洗濯洗剤」

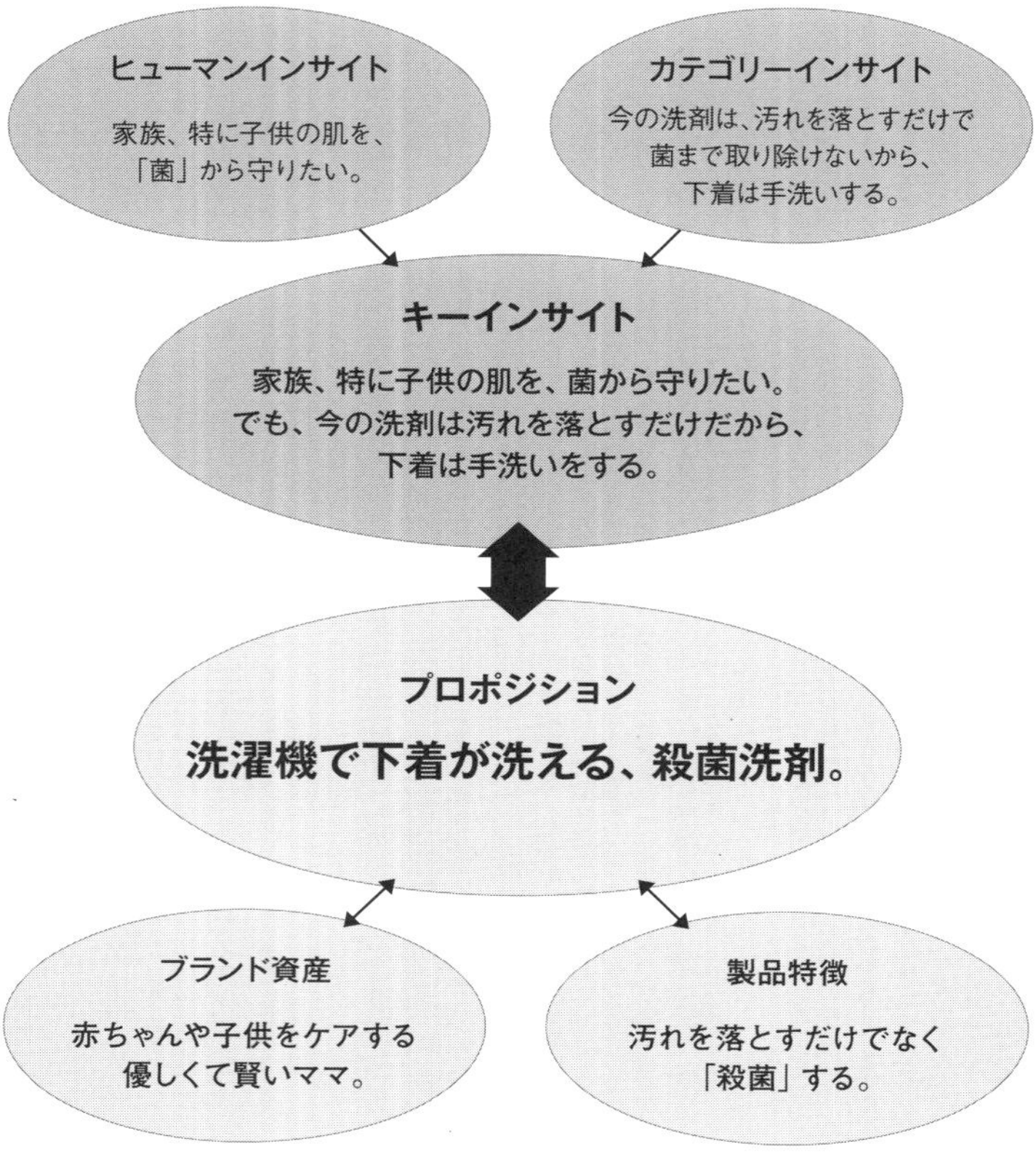

この「菌から守りたい」という根源的なニーズ（ヒューマンインサイト）と、今の洗剤がそれを満たしていないギャップから、潜在ニーズ（キーインサイト）を導き出します。キーインサイトは、「家族、特に子供の肌を、菌から守りたい。でも、今の洗剤は汚れを落とすだけだから、下着は手洗いをする」です。

そして、このニーズをとらえるプロポジション（製品コンセプト）は、「殺菌（抗菌）効果のある洗剤」になります。「洗濯機で下着が洗える、殺菌洗剤」だとさらに提案性が増すでしょう。今まで手洗いするしかなかった下着が洗濯機で洗えるようになることで、一気に洗濯にかける時間や手間が軽減されるからです。

また、これをブランド・プロポジションとして情緒的な価値も含めると、例えば、「赤ちゃんや子供をケアするための、（優しくて賢いママの）殺菌洗剤」というふうになるでしょう。

中国人は「面子《メンツ》」を大事にするという話を聞いたことがあるでしょうか。「面子」は、世間体のような「体裁」や「見栄」に近い意味合いを持ちます。また、中国人は、社会階層意識が強く、少しでも高い社会階層に属しているように見せたいという欲求があります。もし、「子供をしっかりケアする優しくて賢いママ」というユーザーイメージがあれば、母親としての面子が立ちそうですし、社会階層を高く見せたいという欲求も満たしてくれるのではないでしょうか。

以上、中国での洗剤の新製品コンセプトの開発を、フレームワークに沿って行ってみました。

既存の洗剤に対する認識や期待などのカテゴリーインサイトにとどまらず、ヒューマンインサイトを探ることで、洗剤の新しい切り口（新製品コンセプト）を導き出しました。また、この切り口は、今までの洗剤にはない「サブカテゴリー」を生み出したり、既存の洗剤の定義を変えたりする可能性を秘めていることに気付かれたでしょうか。この洗濯洗剤の場合でいえば、「殺菌洗剤」というサブカテゴリーをつくるとともに、洗濯洗剤の定義を「衣服の汚れを落とすもの」から「子供をケアするもの」に変えることになるのです。

6 「インサイトを核としたマーケティング」が生み出す成果

国内・海外の事例を見てきましたが、「インサイトを核にしたマーケティング」が、どういう成果をもたらすかを、まとめておきましょう。

消費者の潜在ニーズを探り出し、それを満たす製品開発などのマーケティング活動を実践することで、どういう成果が生まれるのでしょうか？　大きくは、以下の3つが挙げられます。

①新たな市場を創造することができる
②既存の商品カテゴリーを革新することができる
③消費者との絆を持ったブランドを構築することができる

① 新たな市場を創造することができる

新たな市場を創造するとは、消費者行動に置き換えると、次のように要約することができます。

- ●今まで使っていなかった消費者が、使用する（新たな消費者セグメントの開拓）
- ●今まで使われてこなかった使用シーンで、使用する（新たな使用シーンの開拓）
- ●今までの使用目的ではない、新たな目的で使用する（新たな動機付けの開拓）
- ●今まで使う習慣がなかったが、新たな習慣が生まれて使用する（新たな使用習慣の開拓）

これらを単独、または組み合わせることで、消費者の新たな使用行動を生み出す。それが、新たな市場を創造するということです。

ポケットドルツの場合で言えば、「女性用」という新たな消費者セグメントを開拓し、「オフィス用」という新たな使用シーンを開拓することで、新たな市場を創造することに成功しました。

② 既存の商品カテゴリーを革新することができる

製品の機能や性能による差別化が「同軸競争」に陥り、レッドオーシャンを招くことは既にお話ししました。インサイト、特にヒューマンインサイトに着目し、潜在ニーズを見つけ出すことで、新たな軸（切り口）を開発し既存の商品カテゴリーを革新することができます。また、それが、商品カテゴリーの定義そのものを変えることにもつながります。

洗濯洗剤の例で言えば、洗濯洗剤の定義を「衣服の汚れを落とすもの」から、「菌を取り除くもの」に変えたり、さらには「子供をケアするもの」に変えたりすることができるわけです。

③ 消費者との絆を持ったブランドを構築することができる

ブランドは、「製品」の機能を超えて、消費者の「好き」といった感情的な絆をつくるものです。そのため、インサイト、特にヒューマンインサイトという人間の根源的な感情や気持ちをうまくとらえることが、ブランドを構築するカギとなります。

このブランド構築については、第5章で詳しくお話しすることにしましょう。

では、インサイトを起点にして、マーケティング戦略を開発し、事業や製品を成功に導くために、どのようなプロセスや取り組みが効果的か、次章以降で詳しく見ていくことにしましょう。

第2章

市場機会を見出し、「成長戦略のシナリオ」を描く

1 市場機会・成長機会は、どこにあるか？

インサイトを起点にして、新製品開発を含むマーケティング戦略を開発する。そのために、まず何をしなくてはならないでしょうか？

それは、どこに市場機会があるかを探り、仮説として設定することです。

ここでいう市場機会とは、どこに新たな需要を見出すか、という意味です。

●今まで、その製品カテゴリーを使っていなかった、こういう人たちに使ってもらえるチャンスがあるのではないか。

●その製品カテゴリーは、限られた使用シーンでしか使われていないが、こういう新たなシーンで使ってもらえるのではないか。

●その製品カテゴリーは、ときどきしか使われていないが、もっと頻繁に使ってもらえるのではないか。毎日のように日常的に使ってもらえるチャンスがあるのではないか。
●今までの使用目的ではない、新たな目的（動機）で使ってもらえるのではないか。

このような視点から、どこに新たな需要を開拓できるかを探っていきます。まず、市場機会を見出すという狙いを持つことが大切であって、その市場機会は、あくまで仮説です。それが実現可能かどうかは、消費者を動かすだけのインサイトを見つけられるかどうか、そしてそのインサイトをとらえられる新製品を開発できるかどうか、マーケティング活動を実施できるかどうかにかかってきます。しかし、まず市場機会という狙いを定めることが、成功への第一歩となります。

「売る」を、消費者の「買う」という行動に変換する

経営目標として、ある製品カテゴリーの売上目標を設定しますが、それだけでは十分とは言えないでしょう。どうやって、その目標を達成するかという戦略や道筋（シナリオ）が見えなくては、実現は難しいでしょう。

かつての、「いい製品をつくって、流通させれば売れる」という考え方であれば、各製

品の売上の積み上げ、流通ごとの売上の積み上げから目標達成の道筋が見えました。それは、プッシュ発想の「販売」目標となります。しかし、肝心の「製品」そのものが消費者のニーズをとらえていなければ、販売目標を達成するのは難しくなります。

その一方で、消費者の潜在ニーズをとらえる、そういう新製品を開発するといっても、漠然としすぎていて、雲をつかむようです。何を目標にして、潜在ニーズを探ればいいか狙いが定まりません。

消費者ニーズを効果的に見出すためには、それを探り出す領域を定めることが重要です。そのコツは、「売上」を「購買」という消費者行動に変換することです。

当たり前のことですが、企業側の「売る」は、消費者の「買う」という行動によってもたらされます。そして、「買う」という行動は、消費者の「欲しい」「その製品が一番良さそう」という態度からもたらされます。

「売上」を「消費者の購買行動」に変換すると、需要は、「購買者の人数」×「購入数（頻度）」で表すことができます。売上を2倍にしようと思ったら、「購買者の人数を2倍にする」か、「一人当たりの購買数（頻度）を2倍にする」かのどちらか、またはその組み合わせになります。（価格が同じ場合）

この視点に立てば、購買者を2倍にするには、どういう人を新たに取り込めれば達成できるのかが見えてきます。あるいは、一人当たりの購買数（頻度）を2倍にするためには、どういう新たな使用シーンで使ってもらえれば達成できるのかが見えてきます。

これが、消費者視点で「市場機会を発見する」ということです。そして、これが、どういう領域で消費者インサイト（潜在ニーズ）を探ればいいかという指針となるのです。

行動は定量的に、その理由は定性的に把握する

売上と表裏一体の「消費者の行動」は、定量的に把握する必要があります。まず、現状として、どういう消費者層が、どのくらい買って、いつどのように使用しているか。行動は、定量的な消費者調査などで、比較的正確に把握することができます。

そして、その上で、新たな消費者を新たな顧客としてどのくらい獲得できれば、どれだけ売上が増えるのか？　あるいは、一人当たりの購入頻度・個数がどのくらい増えれば、どれくらい売上が増えるのかを計算します。このように、消費者の行動を定量的に把握することで、消費者の行動を売上目標と結びつけることが可能になります。

逆に、消費者の行動を定量的に把握していないと、市場機会を間違ってとらえる危険性

があります。例えば、既に大半の消費者が買っているものの、購入頻度が低いことが問題であるのに、新しいユーザー層を開拓することを目標にするといった間違いが起きます。この場合、市場機会は「購入頻度（個数）を上げる」ことにあって、「新しい顧客（人数）を増やす」ことではありません。

その一方で、なぜ消費者はそれを買うのか？　なぜ、このシーンでは使用するが、別のシーンでは使用しないのか、といった「なぜ？」は定性的に把握する必要があります。消費者の行動には必ず理由がありますが、消費者自身も理由がわかっていないことが多いため、表面的なアンケート調査などで定量的に調査しても、真の理由を明らかにするのは難しいのです。

この「なぜ？」を明らかにすることが、インサイトを導き出すカギとなりますので、その方法については、第3章で詳しくお話ししたいと思います。

では、具体的な事例をもとに、どのように市場機会を見つけ出すのかを見ていくことにしましょう。

2 ——国内事例—— フレーバーウォーター

ミネラルウォーターは、2011年の東日本大震災で大きく市場を拡大し、家庭用として定着したものの、その後は横ばいになりました。

しかし、近年は、フレーバーウォーターによって市場を大きく拡大しています。フレーバーウォーターとは、ミネラルウォーターにフルーツなどのフレーバーを加えた飲料です。代表的な商品に、コカ・コーラシステムの「い・ろ・は・す」やサントリーの「ヨーグリーナ&サントリー天然水」などがあります。(**図13参照**) 500MLサイズの個人で飲む、パーソナルユースが中心です。

では、フレーバーウォーターは、どういう市場機会を発見し、新たな需要を開拓したのでしょうか? 消費者の視点から見ていくことにしましょう。

図13 フレーバーウォーター代表的商品

コカ·コーラシステム 「い・ろ・は・す」

© コカ·コーラシステム

サントリー 「ヨーグリーナ&サントリー天然水」

© サントリー

パーソナルユースとして500ML入りの飲料を飲むシーンには、さまざまなものがありますが、家庭内ではなく、外で飲む、オフィスで飲むなど、人前で飲むシーンが中心です。

ミネラルウォーターは、余分なものが入っていないため、他の清涼飲料より健康に良いというイメージがあります。身体を気遣って、ミネラルウォーターを飲むという、きわめて理性的に選ばれる飲料です。また、その理性的なイメージが、ある意味、知的なイメージにもつながっています。

大人がオフィスでペットボトル飲料を飲んでいるシーンを思い起こしてみてください。ミネラルウォーターは、オフィスで飲んでいてサマになる飲料です。デスクでも、会議中でも、飲むことに抵抗感がなく、「デキる、ビジネスパーソン」が飲むといったユーザーイメージもあります。ミネラルウォーターは、「味覚で飲む」というより、「頭で飲む」飲料ということができます。

しかし、ミネラルウォーターは味も香りもないため、「ちょっと味気ないなー」と敬遠する人が多く存在します。また、仕事中に、ちょっと疲れたとき、リフレッシュしたいとき、リラックスしたいときは、甘みのある「自分を甘やかす」飲み物が欲しくなります。

ミネラルウォーターは、「頭で飲む」ユーザーに限定されていたと言えます。限られたヘビーユーザー（高頻度で飲む飲用者）に支えられた市場です。しかし、市場が頭打ちになっているという状態は、ユーザー数が増えず、飲用頻度も限界に達しているということを意味します。

この状況から、新たな市場機会を見出してみましょう。

ミネラルウォーターの市場機会は、どこにあるか？

ユーザーは、既にミネラルウォーターを主飲用しているため、これ以上、飲用頻度を上げることは難しそうです。その一方で、ミネラルウォーターを味気ないと感じて飲まないノンユーザーが大量にいます。

このノンユーザーを取り込むことで需要を拡大できないかと考える。この視点が、「市場機会」を見出すということです。

ノンユーザーは、オフィスであっても、味のある美味しい飲料、「自分を甘やかす」リラックスできる飲み物が欲しいと思っています。しかし、オフィスで「ジュース」や

「コーラ飲料」を飲むのは、子供っぽいし、さすがにカッコわるい。このギャップに、潜在ニーズがあるのではないかと考えるわけです。

この潜在ニーズを、フレーバーウォーターは、どうとらえたのでしょうか？

フレーバーウォーターは、ミネラルウォーターの「かっこよさ」を持ったまま、オフィスでもリラックスできる、自分を甘やかすことができる飲料です。フレーバーウォーターなら、ジュースのように甘い美味しさが味わえて、オフィスで飲んでも違和感がない。ミネラルウォーターのノンユーザーにとっては理想的な飲み物となったのです。

フレーバーウォーターのユーザーにインタビューをすると、彼らは「水を飲んでいる」と答えます。「それって、ジュースでしょう？」と尋ねても、「え？　水ですよ。それが何か？」といった答えが返ってきます。彼らにとっては、子供っぽい、オフィスにふさわしくない「ジュース」ではなく、あくまで、かっこいい、オフィスにふさわしい「水」として飲んでいるのです。

そのユーザー心理をとらえる上で、「い・ろ・は・す」や「南アルプスの天然水」といったミネラルウォーターのブランドが、サブカテゴリーとしてフレーバーウォーターをつくり市場を開拓したのは大正解と言えます。これは「ジュース」ではなく、「水」であることを、はっきりと主張しているからです。

フレーバーウォーターは、今までのミネラルウォーターユーザーが飲んでいるわけではありません。ジュースや清涼飲料が好きな人が、新たに飲むようになったのです。そのため、新たな市場を開拓し、ミネラルウォーター市場全体を拡大することができたのです。

市場動向の内訳を見ても、味の付いていないミネラルウォーターの販売量は横ばいで減少しておらず、カニバリ（共食い）を起こしていません。フレーバーウォーターは、新たな需要を生み出したと言えます。

この「美味しい、甘みのある水」が受け入れられた観点から見ると、「トマト・フレーバー」が不調に終わったのも合点がいきます。フレーバーウォーターのユーザーが「健康志向」で飲んでいるのであれば、「トマト」も受け入れられたはずです。しかし、彼らはあくまで「甘やかしてくれる」美味しい飲料を求めているため、「トマト」フレーバーは受け入れられなかったのではないでしょうか。

実は、「オフィスでの飲食シーン」という市場機会に着目し、「オフィスでも、甘いものを堂々と口にしたい」というニーズをとらえた商品は、いくつもあります。

「ドロリッチ」は、デザートをデスクでも堂々と食べられるように、「飲料」のかたちにしたものです。デザートを勤務時間中にデスクで食べるのは、はばかられますが、飲料のかたちなら平気で食べられるでしょう、という提案です。

チョコレートの「GABA（ギャバ）」は、オフィスでもチョコを堂々と食べられるようにしました。「ストレス社会で闘うあなたに」「メンタルバランス・チョコレート」というメッセージは、ストレスを低減する「機能」を訴求しているのですが、実は「機能」以上に、オフィスで大人の男がチョコレートを食べられる「言い訳」を与えているといえます。

いずれも、グリコの商品ですが、「オフィスグリコ」の施策と相まって、オフィス需要に市場機会を見出して成功している事例です。

3

——海外事例——

インドにおける「ベビー用 紙おむつ」

今度は、海外の市場に目を向けて、事例を見てみましょう。ここでは、「インドにおける紙おむつ市場の開拓」を題材に、どのように考えるかをシミュレーションしていきましょう。

インドは、各国間の比較で見た場合、経済成長度合いに比べて、紙おむつ市場が小さい国です。経済成長にともなって、もっと紙おむつは消費されていてもおかしくない。そうとらえれば、インドの紙おむつ市場は、もっと拡大する余地・ポテンシャルがあると考えられます。

しかし、市場規模を何倍まで拡大する、売上を何倍まで伸ばす、という売上目標を設定するだけでは、戦略が見えてきません。市場規模が小さいのであれば、その理由が必ずあります。

なぜ、インドでは、紙おむつ市場は小さいのか？　言い換えれば、インドの消費者は、なぜ、紙おむつを使わないのか？　今は、何をどのように使っているのか？　を知る必要があります。

そして、インドの消費者の意識や行動をどのように変えれば、市場を拡大できるのか？を考える必要があります。その消費者の意識や行動をどのように変えるのかという目標を設定することが、マーケティングの目標設定なのです。

では、インドの消費者は、なぜ紙おむつを使わないのか、を見ていくことにしましょう。

紙おむつは、なぜ月1枚なのか？

インドでは、中間層（B層・C層）に分類される人たちでも、多くは、赤ちゃんに「ふんどし」タイプの「布おむつ」を使っています。(**図14**参照)「紙おむつ」は、月に1回くらい、たまに使うものなのです。「月に1回だけ紙おむつを使うって、どういうときに使うんだろう」と思いますよね。

インドでは、紙おむつは、外出するとき、布おむつを頻繁に替えられない、また漏れる

図14　インドの布おむつ（緑色）

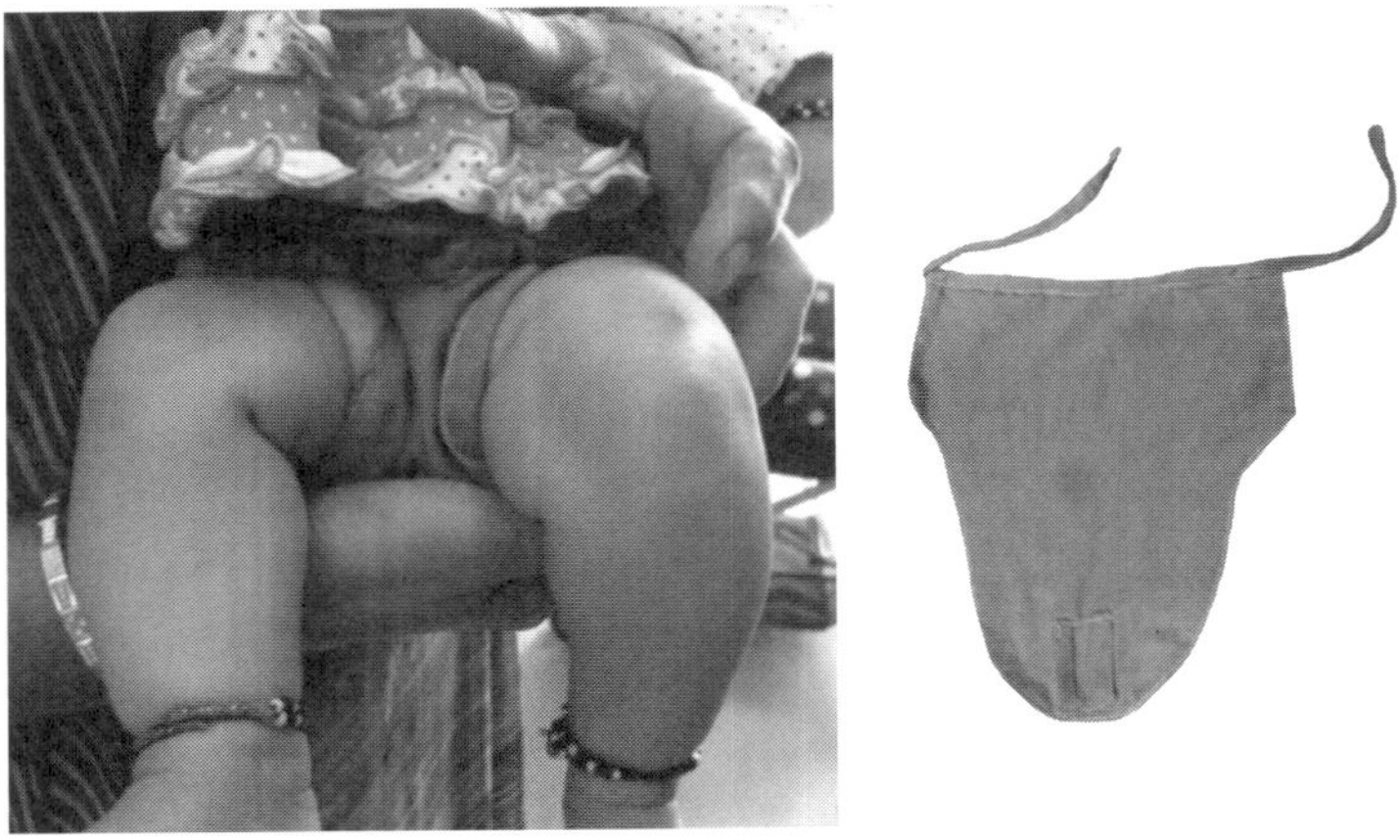

と困る状況のときにだけ使うのです。

例えば、結婚式に参列するとき、赤ん坊を連れていかなくてはならないお母さんたちは、紙おむつを使います。ご存じの方も多いかと思いますが、インドの結婚式は贅を尽くして長時間行いますから、布おむつだと何度も取り替えなくてはなりません。

紙おむつなら、吸収力があるので、出掛けるときに着けておけば、途中で取り替えなくても大丈夫なわけです。（ちなみに、インドでは、紙おむつは、これ以上吸収できないくらいパンパンに膨らむまで使い続けるので、取り替える必要がありません）

紙おむつは、特別なときだけに使うピ

ンチヒッターのようなもので、日常的に使うものではないのです。

その結果、インドでの紙おむつ市場は非常に小さいのです。

もし、月1枚の使用が、毎日1枚の使用になれば、市場は30倍になります。先進国のように、1日7枚使うようになれば、市場は210倍になることになります。

では、まず毎日1枚ずつ使ってもらうことはできないだろうか、を考えてみるのが、マーケティング目標の設定です。単に、売上を何倍にするというのは、事業目標であっても、どういうマーケティングを行うことでその売上を達成するかという戦略のシナリオがありません。

仮に、とにかくいい製品（いい製品とは何かという視点が欠落していますが）を低コストでつくって、流通経路を増やし、大量の広告を投下してシェアを高めることにした場合、次のような問題が生じます。

まず、小さい市場のパイの取り合いになると、価格競争のレッドオーシャンに飛び込むという危険性があります。そして、お金にものを言わせる体力勝負になると、大きな資本力が不可欠です。

資金力に限りがあり、後発で参入する企業が成功するためには、いかに効果的・効率的に市場を開拓できる製品を開発し、自社ブランドのプレゼンスを高めるかを考えた、成長戦略のシナリオが必要となるのです。

「布おむつ」は「紙おむつ」に変わるのか？——家に君臨する義母の存在

この「毎日1枚、使ってもらう」という目標設定（あくまで仮の設定ですが）をした場合、まず何を探ればよいでしょうか？

それは、なぜ普段は「布おむつ」を使っているのだろうか？　ということです。人の行動には、単に習慣というだけでなく、何らかの心理的な要因が働いている場合が多いのです。

インドでは、結婚すると妻は夫の「家」に入ります。まさに、家に「嫁ぐ」という感じです。家では、妻の義母（姑）が絶対的な権力を持っています。夫は、家という場では無力で、母に従います。（インド人男性を見ていると、大の大人になっても、マザコンではないのかと思ってしまうぐらい、母親の言うことを素直に聞きます）

生まれた子供が男の子の場合、まさに跡取り息子として大切に育てられます。この子供のおむつは、「布おむつ」で育てるべきだという義母の強い思い込みがあります。たしかに、布おむつはふんどし状のものなので、通気性が抜群に良い。（というか、漏れ放題なぐらい隙間だらけなので）おむつかぶれを起こすことがまずありません。

義母は、自分は布おむつで子育てをしたので、紙おむつは大事な子供がおむつかぶれを起こしてしまうと思っています。そのため、嫁が（現代的な利器として紙おむつにメリットを感じているのですが）紙おむつを使おうとした場合、布おむつの交換をサボる手抜きと感じて許さないのです。そして、紙おむつを使おうとする嫁に「ダメ嫁」のレッテルを貼ってしまうのです。

このように、紙おむつの普及には、義母の存在が大きな障害になっていると言えます。

こういう場合、義母の意識を変えることが、妻の「紙おむつ」使用を促進することになります。この課題を解決するために、何を考えればよいでしょうか？

まずは、義母の紙おむつに対するネガティブな気持ちを払拭するためには、どうしたらよいか。どういう紙おむつなら、赤ちゃんがおむつかぶれを起こさないだろうと思うのか、というカテゴリーインサイトを探り、それをとらえた紙おむつ製品を開発することです。

次に、ヒューマンインサイトの領域。義母は、大切な赤ちゃんがどう育ってほしいと願っているのか、というそもそものニーズを探ることです。そして、そのニーズと関連して、「紙おむつ」を使うことが赤ちゃんにとってどういいのかという提案を開発することです。

利便性だけでなく、義母が、「赤ちゃんにとって、布おむつより、紙おむつのほうが良い」というベネフィットを感じ、「そういう良さがあるのなら、使っていいよ」と嫁に言ってもらう。そのためには、どうしたら良いかという視点です。

義母が「紙おむつ」に良さを感じ、嫁（ママ）が使うことを容認してくれれば、特別な外出時でなくても、毎日1枚という日常的な使用を実現できないか。1日1枚でも使うことで、紙おむつの良さが実感できれば、1日何枚も使う道筋ができるのではないか。

このような市場拡大の道筋が、成長戦略のシナリオとなっていきます。そして、どういう領域のインサイトを探ればよいかという指針を与えてくれるのです。

この事例での具体的なインサイトと、課題解決の方向性については、次章で詳しく触れたいと思います。

4 成長戦略のシナリオを明確に描く

売上目標を設定するだけでなく、どう消費者の行動を変えれば、その売上を達成できるのかという道筋を描くこと。それが、成長戦略のシナリオを描くということです。

この戦略シナリオは、市場分析・消費者の行動分析の裏返しでもあります。

現状分析のシナリオ

インドでの紙おむつの事例で、分析の道筋を振り返ってみましょう。

インドでは、経済成長に比べて、市場規模が小さい。もっと、拡大できる機会・余地があるのではないか、という視点が市場機会発見の第一歩です。

では、なぜ市場規模が小さいのか？　その理由を消費者の行動から明らかにします。先進国と同じように紙おむつを日常的に使っている層が非常に少ない。上位中間層のB層は、経済的には紙おむつを購入できる経済力があるのに、使用量が極端に少ない。月平均で1枚しか使っていない。この1枚は、どういうときに使っているのか？　逆に、普段は、何を使っているのか？　という消費者の行動を定量的に把握します。

この時点で、月1枚も使っていないC層以下に、月1枚使わせるほうが効果的かどうかも比較検証することになります。C層以下は、全人口の50％以上を占めますが、彼女らに月1枚買ってもらうほうが市場を拡大できるか？　経済的に厳しいC層をターゲットにした場合、低価格の製品が必要になるが、自社の技術的な優位性を活かすことができるか？低価格品をメインに展開した場合、その後、ブランド価値を高めるのが困難になるのではないか？　C層以下に紙おむつという、贅沢品を使わせることがそもそも可能か？　また、月1枚のあと、毎日1枚に拡大してもらう道筋が描けるか？　といった視点から分析することになります。

事例では、既に「月1枚」使っている中間層のB層をメインターゲットに、「月1枚」から「毎日1枚」へ。将来的には「毎日7枚」へ拡大していくシナリオを想定しています。

では、「月1枚」使っている層は、なぜ毎日使わないのか？　紙おむつの便利さは、わかっているはずなのに、なぜ、ふんどしの「布おむつ」を使っているのか？　布おむつは、漏れが激しい上、頻繁に交換しなくてはならず、洗濯も大変なのに。

紙おむつには、どういう心配があり、何が心理的に使用を阻害しているのか？　それが、家での決定権を握っている義母にあることがわかりました。

ここまで課題が特定されると、誰のどういう心理を探れば、問題解決できそうかが見えてくると思いませんか。

このように、分析のシナリオでは、「売上（市場）」➡「消費者の行動（購買）」➡「消費者の意識・態度（パーセプション）」と掘り下げていくことになります。そして、その結果を招いている既存の製品やマーケティング活動に何が欠けているのかを明らかにします。この欠如は、競合がまだ満たせていない、自社にとってのチャンスとなります。

成長戦略のシナリオ

成長戦略のシナリオは、分析とは逆の道筋をたどります。紙おむつの事例で、逆の道筋を描いてみましょう。

紙おむつが「月１枚」にとどまっている最大の理由が、義母の「布おむつ」信奉にあり、大事な子供におむつかぶれを起こす心配をしているということであれば、どういう「製品・マーケティング」ならば、義母が紙おむつの使用を「許可」してくれるだろうか？（そのヒントとなる、インサイト探索は、これからです）

その課題を解決する紙おむつが開発できれば、義母の意識・態度が変わる。義母が許可してくれれば、嫁の心理的な抵抗感・罪悪感がなくなるだろう。そうすれば、嫁はそもそも便利な紙おむつを使いたいと思っているので、毎日使うようになるだろう。日常的に使い始めれば、義母も紙おむつの良さに気付き、おむつかぶれを実際は起こさないことがわかるだろう。こうして紙おむつ使用のバリアがなくなれば、経済力の向上にともなって、毎日の使用枚数は増えていくだろう。その結果、インドのおむつ市場は拡大する。そのとき、義母が許可した「お墨付き」のブランドになれれば、市場拡大のメリットを最大限享受できる。

このように、成長戦略のシナリオは、「製品・マーケティングによって」⬇「消費者の意識・態度（パーセプション）が変わる」⬇「消費者の購買・行動、ひいては習慣が変わる」⬇「売上・市場が拡大する」という道筋になります。ちょうど、分析とは逆の流れになることをご理解いただけたでしょうか。**（図15参照）**

図15　成長戦略シナリオ

現状分析のシナリオ

売上 ➡ 購買 ➡ パーセプション ➡ マーケティング

成長戦略のシナリオ

マーケティング ➡ パーセプション ➡ 購買 ➡ 売上

この成長シナリオを、結果論ではなく、戦略として先に描いておくことが大切なのです。

さらに、このシナリオは、以下の観点から強化していきます。

製品開発では、紙おむつの事例で言えば、「お墨付き」の根拠となる製品に、競合より優位に立てる自社の独自技術や強みが活かされていれば、競合企業の追随を遅らせることができます。理想的には、特許で守られた技術を使って製品を開発します。（ちなみに、インドでは、中国やＡＳＥＡＮ諸国のような、日本製への信奉はありません）

製品自体に消費者からのプルがあれば、効果的に流通を拡大していけます。特に伝統的な小規模店舗が圧倒的な数を占めているインドでは、営業活動だけで流通を拡大していくのは無理があるためです。

成長戦略シナリオを作成する上での〝落とし穴〟

新興国では、段階を踏まずに、一気に、市場や消費者の行動が〝進化〟する可能性があります。電話線を引く前に、Ｗｉ－Ｆｉの通信網を整備する。固定電話を経ずに、一気にスマホが普及するといった、一足飛びの進化です。

紙おむつの場合で言えば、「月１枚」から「毎日１枚」へ。次に「毎日数枚」へと段階的に拡大せず、一気に「毎日数枚」へ進む可能性もあります。それは、例えば、欧米のテレビドラマが大ヒットし、その中で、紙おむつを昼間から何枚も取り替えているようなシーンが出てきて、大きな影響を受けるといったケースです。

また、製品も段階を経て、進化するとは限りません。先進国では、「吸収力」や「漏れ防止ギャザー」や「通気性」など、すべての先進技術が搭載された紙おむつが主流であることを、インターネットなどで知った場合、最初からベストな製品を求める可能性もあります。

特に、中国では、越境ＥＣ（電子商取引）が急速に浸透し、製品カテゴリーによっては、海外で生産されたベストな製品を求める傾向があります。自国で生産された現地製品への不信感から、越境ＥＣが発達してきたのですが、その結果、いろいろな国のさまざまな製品の中から選ぶことができるようになってきました。この場合、製品は、中国人消費者の潜在ニーズを満たすベストなものに、一足飛びで進化する必要があります。

その一方で、製品カテゴリーの導入期では、最低限の形さえあれば良い、という傾向も見られます。

例えば、液晶テレビが新興国で普及する段階では、映り具合（画面の精細度）はどうでもよく、とにかく「薄い形状のテレビ」という形が大事でした。「薄型テレビ」を持っていることは、高いステイタスを表します。映り具合がどうでもよいのは、そもそも電波状態が悪いので、いくらテレビの性能が良くてもきれいに映らない。ビデオもＤＶＤも海賊版が出回っていて、そもそも画質が良くないなど。そういう環境では、「薄型のテレビ」でさえあれば、画質性能より低価格であることが大事になります。

スマホも同じです。スマホの形をしていて、デザインがかっこよければ、電話機能しかなくても、「スマホ」なのです。この場合のスマートフォンの意味合いは、もはや、スマートなデザインのフォンということなのです。

このように、ある製品カテゴリーが形成される段階では、最低限の機能だけでよく、中間層でも手の届く低価格であることが、より重要である場合が多いようです。

消費者にとって何が重要か、消費者は「形」か「機能」か、何を求めているのか、という見極めが大事になります。これらを見極めた上で、成長シナリオを考える必要があります。

5 国内こそ、成長戦略のシナリオが必要

日本国内でも、成長戦略のシナリオが必要です。ついつい製品開発のための製品開発になりがちです。春と秋には新製品が必要だから、新製品を開発する。流通の棚を確保するためには、新製品が必要だから開発するといった傾向があるのではないでしょうか。

成熟市場だから、シェアの奪い合いをする。そして、利益率の低い消耗戦をする。この状況から脱却するために、どこかに新たな需要を開拓できるのではないかという市場機会を探り、成長戦略のシナリオを策定することをお勧めしたいと思います。

ミネラルウォーター市場は、成長が頭打ちになったあと、フレーバーウォーターによって、市場を拡大しました。

ミネラルウォーターを飲まない層に目を付け、なぜ水を飲まないのか？　彼らは、何を

飲んでいるのか？　何を飲みたいと思っているのか？　でも、ジュースをオフィスという飲用シーンでは、なぜ飲まないのか？　その抵抗感をなくし、甘いジュースをオフィスで飲んでもらうには、どうしたら良いか？　そのとき、ミネラルウォーター・ブランドの「知的な」ある意味「かっこいい」イメージを活用できるのではないか、と分析し、その逆の流れで需要開拓の戦略シナリオを描いていったと言えます。

海外のグローバル企業から見れば、日本は海外市場です。市場機会が明確に見出せなければ、戦略なく参入しません。逆に、一見成熟したシェア争いの市場であっても、新たな消費者層を開拓できる機会、新たな使用シーンを開拓できる機会があれば、参入してきます。

日本企業も、日本市場を外から見てみる、つまり欧米企業のように外から新しい目線で日本の市場機会を探し出すという発想があってもよいのではないでしょうか。

この章では、まず市場機会や成長戦略のシナリオを描いてきました。また、それが、インサイトを探る領域を見定めることになるというお話をしてきました。

では、次に、その目標を達成するために、どのようにインサイトを探り出すか。そして、製品開発をはじめとするマーケティング戦略を、どのように立案していくかに話を進めましょう。

第2章 まとめ

- インサイトを探る前に、まず市場機会を見出し、事業の成長シナリオを描くことが重要。
- 売上増の道筋（成長戦略シナリオ）を描くためには、「売る」という企業活動を、「買う」という人々の購買行動に変換して考える。
- 市場の創造や拡大は、新たに誰かが、新しい使用場面で、または今までにない使用目的のために買うことで、達成される。
- 人々の行動を変える心のホットボタンがインサイト。誰の行動をどのように変えるのかというシナリオがあってはじめて、インサイトを探る領域が明らかになる。
- 成長戦略のシナリオは、現状分析のシナリオと、逆の道筋になる。
- 海外だけでなく日本国内でも、市場機会を探し出すという発想が求められる。

第3章

「インサイトからマーケティング戦略」を開発する

1 消費者を知るとは、どういうことか？ どうやって知るか？

市場機会を見つけ出す。つまり、誰（消費者ターゲット）の、どういう行動（生活・消費行動）をどのように変えることで、売上を伸ばすのか？ という成長シナリオが見えてきたところで、次のステップに進みます。この消費者の行動を変えるホットボタン（インサイト）は何か？ を探し出すのです。

しかし、日本国内でさえ、消費者が見えない、何を求めているのかよくわからないという声が聞かれます。ましてや、海外の消費者のことは、まったくわからないというのが実感ではないでしょうか。

これまで、日本企業は、製品を「輸出」するだけの発想でした。高品質な製品をつくれば、売るのは現地の販社や販売代理店の仕事。彼らに、すべておまかせ（つまり丸投げ）

だったので、極端に言えば、自社製品が誰にどのように使われているかさえ知らなくても良かったわけです。また、広告やブランディングなども、現地の広告代理店などに丸投げするケースがほとんどだったのではないでしょうか。

現地のことはよくわからないので、任せる。それが通用した時代は良かったのですが、そもそも製品自体が現地の消費者ニーズに合っていなければ、買ってもらうのは難しいでしょう。

では、消費者の何をどのように知れば、「モノづくり」をはじめとしたマーケティングに活かせるのでしょうか？

海外の消費者についてはまったくわからないから、一から知る必要がある。そう感じる方が多いと思いますので、まず海外の消費者をどのように探っていくかから話を進めたいと思います。

そのあとで、日本での取り組み方にも触れますが、実は、海外の消費者を知る方法こそが、見えなくなってきた国内の消費者（日本人）を新たな視点から見直すことにつながるのです。そう、海外のグローバル企業が、日本の消費者を見つめるように、日本企業にもまっさらな目で日本の消費者を見つめ直すきっかけを与えてくれるのです。

「肌感覚」が大切

日本企業では、現地の消費者を知る方法として、まずデータを収集したり分析したりといったデスクワークから始めることが多いのではないでしょうか。しかし、できるだけ早く現地に飛んで、まず現地の空気を吸ってから、さまざまなデータを読むことをお勧めしたいと思います。

もちろん、その地域の文化的、宗教的な背景や、ターゲットにあたる世代がどのような環境で育ってきたかという背景も含めて、世代の特性や価値観を概観しておく必要はあります。

その上で、できるだけ早く現地に行って、消費者がどういう生活をしていて、その中で自社製品や製品カテゴリーをどのように使っているか、「肌感覚」を持つことがとても大切なのです。そうでないと、データを大きく読み違える、つまり勘違いする危険があるからです。

定量データの解釈の難しさ ――インド人はサービス精神が旺盛

定量データの解釈が難しい例をいくつか挙げておきましょう。

例えば、中国の中間層にあたる月収7〜10万円程度のお宅を訪問すると、日本の感覚では信じられないくらい〝いい暮らし〟をしています。これには、いくつかの理由があります。

まず、中国では副業が多く、正規の給与以外にさまざまな収入があることです。中国は人とのコネクションで成り立っている社会なので、〝紹介料〟といった副収入があるようです。

次に、家（若い夫婦が住む、都市部の集合住宅）は親世帯が購入しているケースが多いことです。家を買ってスケルトンリフォームをして新築同様のきれいな家にしてから住むのですが、それを親が援助しているのです。子世帯は、住宅ローンなど住居にかかる費用がないので、自由に使えるお金が多くなります。

このような理由から、月収の金額では想像できないような〝いい暮らし〟をしています。月収だけで生活レベルを想像するのは、とても危険なことだとわかります。

インドでの例も、別の視点からお話ししておきましょう。

インド人はとてもサービス精神が旺盛で、〝いい人〟が多いお国柄です。旅行をしていて道に迷ったとき、「〇〇ホテルはどこ?」と道端でインド人に尋ねると、必ず「あっち」とか「この道をまっすぐ行って右に曲がる」などと教えてくれます。

しかし、何とそれが正しいかどうかは定かではないのです。インド人は、その場所を知らなくても、教えてくれるのです。これはインド人がいい加減なのではなく、外国人が道に迷っているのに「知らない」と突き放すことができないからです。

親切心から、「(たぶん)あっち(じゃないかなー)」と教えてくれるのです。(実際の対処法としては、何人かに聞き、一番多かった方向に歩き、また別の人に聞く。これを繰り返すことで、目的地に近づいていきます)

このように、インド人はサービス精神というか親切心が旺盛なので、定量的な購入意向調査などで数字の解釈をするときは、注意が必要です。「この製品を買いたいですか?」と質問すると、5段階評価(とても買いたい〜どちらとも言えない〜まったく買いたくない)で、「とても買いたい」の数字が非常に高くなる傾向にあります。お菓子や日用品などであれば、たいてい80%は超えるでしょう。しかし、この数字を鵜呑みにして、「非常に買いたい人」が80%以上いるから、この製品は売れるだろうと考えるのは早計です。提示された製品に敬意を表して、「買いたい」と答えているだけなのです。

複数の製品を提示した場合も、同様です。A製品も、B製品も、C製品も、どれも「とても買いたい」と答えます。比較評価をすれば、A~Cの中ではどの製品が最も良さそうかはわかりますが、絶対評価がわからないため、本当に買ってもらえるかどうかはわかりません。

インタビュー調査などではフォローができるので、「AもBもCも買いたいということだけど、まずAはどういうところが良かったの?」というところから、ようやく本題が始まります。最初の購入意向の質問は、ウォーミングアップのようなものです。

そして、インタビューを進めていくと、「Aは、○○の点が気に入らないから、買わない」といった話が出てきます。最初の「買いたい」という答えと矛盾していますが、インド人はまったく気にしません。

このように、定量的な数字の解釈は、とても難しいものです。その国の人々の気質などがわかっていなければ、解釈を間違ってしまいます。

ちなみに、海外のグローバル企業から見ると、日本人も解釈が難しいと言います。日本人の場合は、「どちらともいえない」が多くなる傾向にあります。「○○かも」「ビミョー」

といった言い方に表れているように、態度がはっきりしないので、解釈が難しいのです。

消費者の生活に〝どっぷり〟浸かる

消費者の生活を〝肌感覚〟で理解する。そのためには、現地で生活をする、現地の消費者と同じように生活をすることが一番です。サムスンは、まず社員を現地に送り、生活経験を3年以上させて現地のニーズを把握するといいます。しかし、赴任するところまではいかない場合、どうしたらよいでしょうか？

最も多く利用されている調査方法が、自宅訪問調査です。ターゲットとなる消費者層のお家を訪ね、インタビューをしたり、製品を実際に使っているところを見せてもらったりします。

インタビュールーム（座談会場）で話を聞くより、自宅訪問のほうがどういう点で優れているのでしょうか。

一番大きな利点は、生活実感を共有できる点です。

どういう環境、家族構成で、どういう生活をしていて、その中で製品をどのように使っているか、が実感をもってわかります。

例えば、中国での洗濯洗剤のケース。家の中の「きれいさ」と一歩外に出たときの「汚さ」が実感できていて、はじめて「家の中に、外の汚れや菌を持ち込みたくない」という強い感情を理解することができます。

また、洗濯に限らず、生活の全体像を知る手がかりが得られます。テレビやPCなどの家電から生活レベルがわかりますし、リビングに置いてある雑誌が日本のファッション雑誌の中国語版で、日本の生活やファッションに憧れていることがわかったりします。化粧品やヘアケア用品は欧米のブランドがメインで、粉ミルクなどの食品は日本製が愛用されていることがわかったりもします。

次に、製品を使う生活の場で、実際に使ってもらうことで、さまざまなことがわかります。

洗濯機でどういう衣服を洗うのか？　手洗いするのは、どういう衣服か？　手洗いする場所は、シャワーとトイレが一体になった、あまり清潔には見えない土間に、大きな洗い桶を置いて洗うのだな。それでも、洗濯機洗いより手洗いのほうが、菌を除去できて清潔だと思っているのか。これは、菌の有無という事実よりも、母親が手洗いしてきたという慣習や思い込みのほうが強そうだな。しゃがんで手洗いするのは、かなりの重労働に見えるが、苦にしないのは、手洗いには「家族への愛情」という記号性（象徴・シンボル性）があるのかもしれない、などなど。

さらには、家族の関係性もわかることがよくあります。

インドの家庭で、若いママにインタビューしているとき、お義母さんが入ってくるとママの表情が少し硬くなる。話の内容が優等生的になる。パパは、すぐ自分の母親の意見に賛同する。これは、お義母さんの権限が強そうだ。お義母さんに、別立てでインタビューしたほうが良さそうだ、など。

自宅訪問は、さまざまな背景情報がインプットできるため、インタビューをしていても、なぜそういうことをするのか？　なぜ、そう思うのか？　などを理解しやすくなるのです。

1週間24時間の日記

自宅訪問に先立って、1週間24時間の生活を記録しておいてもらうことも有効です。これを記入してもらうことで、例えば、次のようなことがわかります。

インドでのお菓子。1週間24時間の中で、いつ、どこで、誰と、どういうお菓子をどれくらい食べているか、それはどこで買ったか、を日記に書いてもらいます。

インドでは、大人の男性でも、しょっちゅうお菓子を食べています。家でも、仕事場でも（大学生の場合は、大学でも）、実によく食べます。外ではキャンディを食べるが、家ではチョコレートを食べることが多い。インド人にとって、チョコレートは別格のお菓子。キャンディであってもチョコレートが少しでも入っていると、格が上になる。キャンディ（チョコなし）は、みんなでシェアして食べるが、チョコレートはひとり占めして食べたい。チョコレートの中でも、チョコレート分が多いほど高級なチョコレートと感じる。かつ、国産（インドのメーカー製）より、キャドバリーのような欧米ブランドのチョコレートのほうが高級。でも、ウエハース入りのものは、どんなに有名な欧米ブランドでも、チョコレート分が少ないから、いわば〝ニセモノ〟。チョコレート分が少ないと高級じゃないし、好きじゃない、など。1週間分のお菓子の食用・購入状況に沿ってインタビューをしていくと、そのとき、どういう気持ちだったか、それぞれのカテゴリーのお菓子が持っている役割など、さまざまなことがわかってきます。

店頭でのショッパー観察

ストアチェック（店頭調査）も、現地で必ず行うもののひとつでしょう。どういう流通で、どういう商品が、どういう棚に並んでいるかを知ることは、とても大事です。それに加えて、買物客（ショッパー）がどういうふうに商品を選び、買っていくかを観察するといろいろな発見があります。

例えば、インドでのお菓子。

キラナと呼ばれる伝統的なお店（家族経営の小さなお店）が流通の大半を占めているのですが、ここでは、多くのキャンディがバラ売りされています。ビンやボトルから取り出して、1個2個と買います。お店が大袋から出してボールに盛っているようなものもあります。価格が、1個1円前後と安いので、ローカルメーカーのお菓子ばかりです。（図16参照）

一方、モダントレードと呼ばれるスーパーなどの現代的な量販店が都市の郊外にあります。ここでは、日本と同じようにパッケージ商品が整然と並んでいますが、来ているお客さんを観察していると、いろいろな発見があります。

図16　インドのバラ売りキャンディ

　若い主婦とお義母さんの二人連れが、キャンディ売場に来たときのことです。主婦があるキャンディをカゴに入れると、お義母さんがそのキャンディを取り出して、チェックをし始めました。キャンディは大袋入りなので、家族用なのでしょう。お義母さんは、袋の上からモミモミしています。そして、何やら主婦に話したあと、自分が選んだキャンディをカゴに入れて、元のキャンディを棚に戻してしまいました。お義母さんの権力は、おむつだけでなく、お菓子にまで及ぶのか――。

　お義母さんが、袋の上からモミモミしていたのは、硬さのチェック。インドでは、軟らかいキャンディのほうが、品質が高いと思われているからです。日本人にとっては、インドのキャンディはどれも軟らかく、あまり違いを感じないのですが、インド人にとっては大事な選択基準のようです。

「いいモノ」の定義を見直す ―スペックから、消費者が感じる品質へ

今まで、「いいモノ」の定義は、技術的に優れていること、性能が良く高機能で品質が良いなど、製品のスペックによるところが大きかったのではないでしょうか。スペックが優れていれば、高品質という基準です。

しかし、そのスペックや機能に消費者が価値を感じなければ、それはいいモノでも何でもなく、買うこともありません。消費者にとって価値のある製品こそが、いいモノです。この視点の転換が非常に大切です。

そんな当たり前のことを、と思われるかもしれませんが、技術力のある企業、開発力のある企業ほど、技術主導になりがちなので注意が必要です。

例えば、第1章の成功事例でお話ししたポケットドルツ。フルスペックの性能を実現するために、マスカラサイズより大きくなってしまいそうだったことを思い出してください。ターゲットの女性にとっては、化粧ポーチに入るサイズであること、持ち運びができることが何より大切です。もし、性能優先でサイズを大きくしていたら、ポーチに入らずここまでのヒット商品にはならなかったのではないでしょうか。（ポケットドルツは、スペッ

クではなく、「歯がツルツルになる」という消費者が知覚できる品質を実現することに成功しました）

消費者が知覚できる品質のことを、「知覚品質」と呼びますが、消費者にとっての「いいモノ」をつくる上で、とても大切なポイントです。消費者が品質を何から感じ取っているか？　を知り、そのポイントを製品開発に活かすのです。消費者の知覚とスペックは往々にして違っているという事実があるからです。

「知覚品質」は、Perceived Qualityとしてブランド論の中で語られることが多いかと思いますが、実はモノの開発に直結しているので、ここで触れておきたいと思います。消費者にとって価値のある「いいモノ」を開発する上で欠かせない視点だからです。

いくつか、知覚品質をモノづくりに活かして成功した例を挙げておきましょう。

メルセデスの乗用車のドアを閉めたときの「ボウン」という重低音。ユーザーは、このドアを閉めたときの音に、メルセデスの品質の高さを感じています。もし、「パーン」という軽い音がしたら、薄っぺらで剛性の弱い低品質のクルマを連想してしまうのではないでしょうか。メルセデスは、この「音」が品質を感じさせる重要なポイントであることを知っているため、ドアを閉めたときの音域の研究を行って開発に活かしているのです。

日本での例も、挙げておきましょう。

キリンの缶チューハイに「氷結」というブランドがありますが、パッケージの缶に工夫があることをご存じでしょうか。ダイヤカットと呼ばれる凹凸があり、缶を開けると「パキッ」という音がして凹凸が浮かび上がります。このパッケージの音と形状が、氷や冷たさをイメージさせ、果汁を凍結しているという「鮮度の高さ」を連想させます。これが、品質や美味しさ感を高めているのです。

花王の食器洗い洗剤に「キュキュット」というブランドがあります。食器洗い洗剤という非常に差別化が難しい商品カテゴリーで、長くNO．1ブランドの地位を保っています。その秘密は、この「キュキュット」というブランド名にあります。食器の油汚れがしっかり落ちたと消費者が実感するのは、お皿を水ですすいだあとの「キュキュ」という指触りと音です。このブランド名は、まさに、油汚れがよく落ちる品質を知覚できるものなのです。その結果、消費者は、何となく（意識していなかったとしても）「キュキュット」が最も汚れが落ちる洗剤だと感じるのです。

このように、消費者が品質を五感で感じとれることは、とても重要です。知覚できる要素があると高品質であることを実感できるからです。

もちろん、モノづくりにおいて、消費者が知覚できる品質さえ高めればよいということではありません。日本のモノづくりの強みである品質の高さを持った上で、消費者からもそれが知覚できるような要素を持った製品を開発しましょうという提案です。せっかく品質の高い製品を開発しても、それが認識されないのは、あまりにもったいないからです。

究極のゴールは〝消費者になりきる〟こと

消費者を知る、究極のゴールは、「消費者になりきる」ことです。すべては、ここから始まり、ここに終わります。生活実感を持ち、ターゲット消費者と同じニーズや感情を持つことです。そのニーズや感情をとらえた製品が開発できれば、成功確率は大きく上がります。また、開発した製品が、本当に消費者にとって魅力的かどうかを評価するためには、消費者と同じ気持ちで製品を見られることが非常に重要になります。

ヒットメーカーと言われる開発者、ヒット商品を連発する経営者は、時代の空気と合っているなどと言われることがありますが、それは消費者のニーズや気持ちとシンクロしている状態だからです。それを、属人的な感性に頼らず、科学的にかつ誰でも組織的に運用できるようにしようという試みが、インサイトを探索するということなのです。

2 グローバル・インサイトワークショップ

日本でも海外でも、消費者のニーズや気持ちが把握できたら、それをとらえる解決策として、製品開発を含むマーケティング活動に結びつけることが大切です。消費者のことがいくらわかっても、それをとらえるマーケティング活動が行われなければ、何の意味もありません。

シームレスに、調査結果からマーケティング（製品戦略・新製品開発を含む）へ。その仕組みと企業風土が整備されていれば問題ありませんが、実情は部門間の壁があって、なかなか実現しません。それを解決するひとつの方法として、日本本社と現地スタッフの両者合同によるインサイトワークショップを提唱しています。場合によっては、現地の消費者も交えて行います。

グローバル・インサイトワークショップが目指すもの

現地の「消費者インサイト」と、解決策としての「プロポジション」を開発し、それを関係者・関係部門で共有し、合意すること。それが、ワークショップの目的です。なぜ、ワークショップというスタイルが効果的なのか？　ワークショップを行うことで、どのような利点があるのか、簡単にまとめておきましょう。

●関係部門を統括する、事業の意思決定者が関与することで、意思決定に必要な肌感覚や実感が得られること。

●部門間の壁、意思決定者が判断できずに壁になる、といった障害が取り除かれること。その結果、戦略の実現性が飛躍的に上がり、業務が劇的に効率化される。バケツリレーという大量生産に向いた効率型のモデルから、新しい解決策をつくる創造型のモデルに変換することができる。

●本社・現地すべての関係者が関与することで、すべての人が「自分ゴト」として積極的に取り組むことができるようになる。つまりひとりひとりの「内発的な動機付け」が強まり、創造力が高まる。

このように、ワークショップは、「部門横断的な創発的な組織力」と「個人の内発的な動機付け」を同時に高める方法なのです。これは、海外市場だけに限らず、国内市場においても非常に有効です。（プロジェクトベースではなく、恒常的、全社的に取り組む方法論については、第4章で詳しく触れたいと思います）

インサイトワークショップの実施方法

事前に何をしておくべきか？

事前に、関係者全員で、次の4点について話し合い、明確に設定します。そして、全員で合意しておくことが重要です。

①マーケティング目標の設定
②イノベーションレベル、および時間軸の設定
③消費者ターゲットの設定
④ワークショップには、誰が参加するか？

これらの項目は、第2章で既にお話しした、成長戦略のシナリオに沿って設定していきますが、関係者全員でしっかり合意している必要があります。そうでないと、プロジェクトが進み始めてから、「そもそも、この目標自体が違っているんじゃないの？」とか「設定したターゲット以外にも、こういうターゲットもあり得るんじゃないの？」といった議論が繰り返され、同じところをグルグル回って前に進まなくなります。

また、これらの設定については、各部門長だけでなく、各部門を統括する事業責任者の承認を得ておくことが大切です。事業責任者と目標設定を共有していないと、「このプロジェクトに求めていることは、そういうことじゃない」という不毛な結果になることが往々にしてあります。事業責任者の承認を得ることで、チームメンバーは安心して目標に注力することができます。

さらに言えば、このマーケティング戦略開発を推進するコアメンバーには、事業責任者の方がプロジェクトオーナーとして関与してもらえるよう、働きかけることが肝要です。

製品開発を含むマーケティング活動の実現には、さまざまな部門の力を結集する必要があります。しかし、ある部門が主導すると、他部門の参加が消極的になります。どうしても、部門間の壁があり、「その部門だけでやればいいじゃない。うちの部門を巻き込まないでよ」という心理的な抵抗感が生まれます。各部門を統括する責任者がオーナーになり、全部門に号令をかけることで、どの部門も積極的に参画することができるようになるのです。

では、それぞれの事前設定について、具体的に見ていくことにしましょう。

①マーケティング目標の設定

まず、どういう市場機会をとらえるのかという目標を明確にし、関係者全員で合意します。そして、その目標は、消費者の態度・行動がどう変われば達成できるのかを明確にしておきます。

この戦略シナリオに合意するためには、それまでに実施された定量データが分析されており、全員が納得する必要があります。また、家庭訪問調査などの結果から、「消費者が抱えている問題（課題）」と「自社が解決できる機会」の仮説（シナリオ）を持っておくことが大切です。

そして、ワークショップを行う前に、この目標設定に合意するため、事前ミーティングをしっかり行い、議論を尽くしておくことが重要です。

②イノベーションレベル、および時間軸の設定

インサイトをもとにプロポジションを開発しますが、そのプロポジションを実現するためには、技術的なイノベーションが必要なケースも出てきます。イノベーションレベルの設定とは、どの程度の技術革新まで許容するか、という設定です。これを、短期・中期などの時間軸とともに設定します。

場合によっては、既存技術で対応できる短期的な解決策と、技術革新を必要とする中期的な解決策の両方を開発すると設定しておくこともあります。ただし、この場合は、どちらにウエイトを置くか決めておく必要があります。

イノベーションレベルには、例えば以下のようなレベルがあります。企業でレベルが規定されているところも多いと思いますので、その場合はそれに沿って設定します。

- 自社の既存技術で実現できる
- 自社の既存技術を組み合わせれば実現できる（例えば、他の事業部門の技術など）
- 自社が研究開発中の新しい技術が利用できれば実現できる
- 自社にはないが、他業界の既存技術を提携等で利用できれば実現できる

●まったく新しい技術開発が必要

あるいは、以下のような基準から設定する場合もあります。

●既存製品の改良
●新製品開発
●事業拡大（既存の事業領域の延長線上にある製品やサービス、ビジネスモデル）
●新規事業開発（既存の事業領域と離れたものでも、自社の強みが活かせる製品やサービス、ビジネスモデル）

このイノベーションレベルは、必ず経営トップ（意思決定者）と合意しておく必要があります。そうでないと、「何を夢のような話をしているのか」という場合もあれば、逆に「そんな狭い範囲のことは、プロジェクトで取り組まなくても、日々粛々とやればいい」という場合も出てくるからです。

③ 消費者ターゲットの設定

誰のインサイトを探るか、ターゲットを予め設定しておくことが大切です。ワークショップ中に、「誰の（どんなターゲットの）」話をしているのかが明確であれば、混乱することなく、インサイトの探索に集中することができます。

ただし、ワークショップ前に、ターゲットをひとつに「決定」してしまうのはリスクがあるため、「仮に」設定しておきます。もし、設定したターゲットでインサイトを探っていった結果、そのターゲットの態度や行動を変えるのは難しいという結論になったとき、代案がないと路頭に迷うためです。例えば、一企業のマーケティング努力だけでは、消費者の態度を変えられないといった場合です。そのため、複数のターゲットを設定し、インサイト&プロポジションの戦略を開発してから、どれが最も有効かを検討するケースもよくあります。戦略シナリオの仮説が複数ある場合は、それに沿って複数のターゲットを仮設定します。

海外では、A層・B層といった階層を設定するとともに、デモグラフィック特性（性・年齢など）や該当商品カテゴリーの使用状況（ユーザー・ノンユーザー、ヘビーユーザー・ライトユーザーなど）を設定します。場合によっては使用シーンも設定します。

日本国内の場合でも、基本は、デモグラフィック特性と使用状況、使用シーンを設定することになります。

また、ターゲットはできるだけ絞り込んで設定します。例えば、ポケットドルツの場合で言えば、「20代女子のオフィスワーカー、電動歯ブラシのノンユーザー」と設定します。設定が広すぎると、誰の話をしているかわからなくなりますし、インサイトを掘り下げられません。

しかし、ここで注意が必要です。ターゲットを絞り込むのは、あくまでワークショップでの議論がブレないようにするためであって、20代女子だけがビジネスソースになるわけではありません。ワークショップでは、最終的に、普遍的なインサイトとプロポジションを開発することになります。例えば、「化粧室で化粧直しはするけど、電動歯ブラシは恥ずかしくて使えない」という気持ちは、20代女子だけでなく、年齢を超えて働く女子全体に共通する、普遍的なインサイトです。このように、絞り込んだターゲットのインサイトを探るところからスタートし、最終的には、設定したセグメントを超える普遍的なインサイトを見つけ出すのです。

この考え方を、ワークショップ参加者全員で共有しておく必要があります。そうでないと、ターゲットを設定する時点で、「ターゲットが狭すぎる。もっと、幅広い人に売りたい」といった議論が生じることになります。

もう1点、ターゲット設定で注意すべき点があります。それは、心理的な特性までは、設定しないということです。インサイトを探る前に、中途半端な心理設定をすると、その枠組みにとらわれてしまい、幅広い視点からインサイトを探り、深く掘り下げることができなくなるからです。

心理特性を定義するのは、インサイト&プロポジションを開発してからです。マーケティング戦略を最終的に策定するときに、インサイトを核にして、その補足情報としてターゲット特性を定義することをお勧めします。

ペルソナの危険性

ペルソナを設定して、事業戦略を開発している企業もあるかと思いますが、ペルソナには大きな落とし穴があるため、細心の注意が必要です。

ペルソナには、ライフスタイルや価値観など、心理特性についての記述が含まれますが、ワークショップでのターゲット設定では、これらの心理特性を設定しません。既にペルソナが設定されている企業の場合は、いったん白紙に戻してインサイトを探ります。今までお話ししてきたように、心理特性が設定されているとインサイトの幅と深さを阻害するからです。

ワークショップに限らず、ペルソナを設定する上での注意点を挙げると、大きくは以下の3点になります。

●ペルソナは、自社の事業や製品に都合の良い人物像になりがちです。既にある事業や製品を肯定する意識が強いと、こういう製品を使う人は、こういうライフスタイルで、こういう価値観を持っている人だというように、製品から逆算して設定してしまうためです。これでは、本当の消費者像が見えてきません。あくまで、消費者を起点にして、考える必要があります。

●ペルソナは、「既存ユーザー」の特性をベースにして描写しているケースがほとんどです。既存ユーザーのロイヤリティを高めることに特化するニッチな商品の場合は有効ですが、ノンユーザーを取り込んだり、ライトユーザーの頻度を高めたりする場合は不適切なことが多いため、注意が必要です。成長シナリオに沿って、ターゲットを設定することが大切です。

●ペルソナは、いったん決まると、それが絶対的な前提条件のようになり、思考停止状態になることがあります。そのペルソナに合った製品をひたすら開発し続ければいいという状態です。その結果、時代や消費者の変化に対応できなくなります。いったん設定したペルソナであっても、それが正しいかどうか、常に見直す必要があります。

実名は控えますが、自社に都合の良いペルソナを設定し固定したために、有望な技術を独自開発していながら、経営危機に陥った企業もあります。

その企業は、AV機器メーカーで、設定したペルソナは、「画質や音質にとことんこだわり、自宅にAVルームをつくるようなマニアックな男性で、お金に糸目をつけない富裕層」でした。

この設定は、高性能で高価格な自社製品に都合の良いペルソナでしたが、一般層へユーザーを拡大することはできませんでした。また、このペルソナに沿って性能だけを追求した結果、オーバースペックとなり、普及価格帯の製品が広がっていく市場の中で取り残されていったのです。

④ワークショップには、誰が参加するか？

海外市場の場合、本社と現地スタッフの両者が参加します。

職種は、テーマにもよりますが、「開発・生産」「販売・営業」「戦略・調査」の３者が一堂に会するようにします。

現地スタッフは、現地の消費者ニーズを解釈し、最適な製品を考え出すために参加必須です。本社スタッフも、本社に報告し本社を動かすために欠かせません。

また、場合により、現地の消費者にも参加してもらいます。インサイト調査と解決策のアイデア出しを同時に行うためです。もちろん、消費者はマーケティングのプロではありませんので、インサイトを語ったりアイデアを出したりしてくれるわけではありません。しかし、ワークショップでの話し合いの中で、「そういうふうには思わない」とか「そういうのがあったら、いい」といったフィードバックを得ることができます。つまり消費者との「共創」を、海外市場でも行うわけです。

本社・現地法人を問わず、事業の責任者・部門の責任者が参加することが大切です。成長している企業は、事業責任者や部門トップが積極的に関与していることが多いと思います。自らアイデアを出し、議論し、かつ自分の考えに固執することなくベストな解決策を見出し、組織全体を導いていく。そういう企業では、若手も積極的に意見を出すため、議論が活発です。逆に、残念な企業ほど、中間管理職でさえ「管理・評論」側にまわり、自分でアイデアを出しません。こういう企業では、若手もそれに見習い意見を言わなくなります。

また、経営トップが号令をかけるプロジェクトでは、各部門からエース級の優秀な人材が集まります。彼らは時間を大切にするため、1〜2日の間に集中して、戦略の核となる「インサイト&プロポジション」を開発することができます。

コアメンバーとワークショップ参加者

海外でワークショップを行う場合は、本社・現地ともに、直接事業に関わるコアメンバー数名で行います。

一方、国内の事業でワークショップを行う場合は、プロジェクトのコアメンバーだけでなく、追加でワークショップに参加してもらうメンバーを招集することもよくあります。

プロジェクトのコアメンバーは、事業に直接関わるメンバーで構成します。通常、2〜

3名から、多くても5～6名が適切です。役割は、プロジェクト全体を推進し成功に導くこと。ワークショップにおいても、事前に目標設定やターゲット設定などを準備し合意しておきます。また、ワークショップに参加する部署や人選についても基準を作成し、プロジェクトオーナーを通して、関係部署に要請します。

ワークショップ参加者は、テーマに応じて、別立てで招集します。

ＢｔｏＢ企業での新しい顧客価値開発やイノベーション開発などでは、関連しそうな研究・開発部門のメンバーが必要になる場合があります。イノベーションレベルの設定や、想定される解決策の幅などから、必要なメンバーを選定します。

この場合、直接事業に関わっていないメンバーも参加します。責任のないメンバーが入ったほうが、自由に幅広いアイデアが出る可能性が高まります。結果への責任というプレッシャーがない分、思考が自由になるからです。（コアメンバーは、ワークショップの結果から戦略を策定する責任を負いますが、ワークショップ中は解決策のアイデアがどんどん広がることを歓迎する態度でのぞみます）

企業全体のビジョンに関わるような大きなプロジェクトでは、50名から１００名ぐらいのメンバーがワークショップに参加することもよくあります。

多くの人数が一堂に会し、丸1日〜2日間のワークショップを行うためには、1ヶ月以上前にスケジュールを押さえる必要があります。早めに、ワークショップの意義と目的、進め方の概要を記した案内を出し、各部門長とともに人選を進めることが肝要です。

グループ分け

話し合いが最も活発になるのは、3〜7名ぐらいの人数です。また、「インサイト&プロポジション」の仮説を複数案出すためには、3グループ以上あったほうがよいため、グループに分かれて話し合います。

グループ分けの基本は、部門、役職、男女などをバラけさせることです。上司・部下の関係にあるメンバーは別グループにします。また、企業の社風によりますが、上級管理職以上のメンバーを1グループにまとめる場合もあります。若手社員が、上級役職者の前では萎縮して意見を言えなくなってしまう場合です。そういう問題が起きない社風であれば、ミックスします。


また、グループごとに進行役を決めておきます。進行役は、リーダーというより、音頭をとる人という役回りです。人の意見をうまく引き出せる、聞き上手な人がふさわしく、自分の意見を通したがるタイプの人は不向きです。役職的には、グループの中で中位にあり、上の人の話も下の人の話も聞ける人が適任です。

グループ分けとグループリーダーの選定も、コアメンバーが行い、プロジェクトオーナーの承認を得ておきます。

言語と通訳

海外市場でワークショップを行う場合、話し合ったり書き留めたりする言語は、「現地の言語」「英語」「日本語」から選びます。グループごとに、言語を分ける場合もあります。各グループで最も話しやすい言語を選びます。

現地採用のスタッフでも、日本語に堪能な人がいるグループでは、日本語でも構いません。インドのように、英語が共通語になっている場所では、英語になります。ただ、通訳の参加は必須です。日本人スタッフ全員が英語が堪能とは限りませんし、インドなどではヒンディー語が混じったりもするので、グループごとに（もしくは通訳が必要な人に）通訳をつけます。

また、書き留められたポスト・イットを俯瞰して見渡すときに、英語や現地語の下に日本語のメモをつけると頭に入りやすくなるので、通訳の力を借ります。特に、現地語でのキーワードは非常に大切ですが、その意味合いをしっかり把握しておく必要があるため、通訳がいると大きな助けになります。

ワークショップのプログラム

事前にワークショップをどのように進めるか、プログラムを綿密に考えておく必要があります。ワークショップの大きな流れは、第1章で紹介した事例のような流れになりますが、プログラムとして整理すると次のようになります。(図17参照)

①セットアップ
②インサイトの抽出
③インサイトをとらえるプロポジションの開発
④有効な「インサイト&プロポジション」の選択
⑤具体案の開発、プロトタイプの作成
⑥検証するアイデアの決定と、調査方法の合意

図17　インドでのワークショップの様子

それぞれの項目について、もう少し詳しくお話ししておきましょう。

①セットアップ

1　開会

経営トップ、あるいは事業責任者が、開会の挨拶としてワークショップの意義について話します。ワークショップ参加者が、このワークショップの重要性を認識する上で非常に重要です。

2　目的の確認

ワークショップの目的、アウトプットイメージ、進め方（アジェンダとタイムテーブル）を確認します。また、ワークショップでこれから開発する「インサイト&プロポジション」は、あくまで仮説であって、ワークショップ後に仮説検証することを伝えます。これは非常に重要です。このワークショップの結果が最終結論になるわけではないと知ると、プレッシャーが軽くなり、思考の幅や発想が広がるからです。

3 設定の確認

事前に設定した、マーケティング目標、ターゲット設定、イノベーション設定を確認します。事前に話し合って合意しているはずですが、異論がないことを確認します。また、改めて確認し、方向を明確にします。

4 アイスブレイク

緊張感を解き、リラックスするために行います。一度、人前で発言する機会があると、自分ゴトとして前向きになり、リラックスして取り組めるようになります。また、大企業の場合、社員同士でも部門が異なれば初対面のメンバーも多いため、自己紹介を兼ねます。アイスブレイクには、さまざまな方法がありますが、いくつか例を挙げておきましょう。

＊Good & New……この1週間にあった嬉しかったこと、もしくは新しく発見した

ことを話します。嬉しかったことを話すことで、気持ちが前向きになります。仕事ではなくプライベートでの話をします。

＊自分を動物にたとえる……自分を動物に例えるとどんな動物かを話し、その動物のマネをします。例えば、身体が大きいから、「ゾウ」。マネは「パオーン」と鳴きながら腕をゾウの鼻のように振り上げるなどです。

これを、ひとりずつ全員で発表し、みんなで拍手します。拍手は気持ちがアガるので欠かせません。部長も役員も同じく発表します。ひとり当たり、30秒くらいでしょうか。ワークショップ参加者が20名以下の場合は、全員に向けてひとりずつ話します。それ以上の多人数の場合は、グループごとに発表し合います。

5 ワークショップでのルールの共有

ワークショップ、特にグループワークを進める上での心得がいくつかあり、それを全員で共有します。

ターゲット消費者になりきること

作り手の立場ではなく、買って使う消費者の視点から話し合うこと。

人の発言を否定しないこと

特に、役職上位者は、「それはないな」とか「それは難しいだろ」といった否定的な発言をしないこと。否定された領域は、もしチャンスがあったとしても、誰も考えなくなります。そして、視点や発想をどんどん狭めていくことになります。もし、ある発言をどうしても否定したくなったらどうするか？　そのときは、その発言を否定せずにスルーし、話題を転換します。例えば、「こういう視点で考えてみないか」とか「こういう考え方もあるよね」とかいうように、視点を変えるのです。

「拡散」と「収束」のステージに分けて取り組む

視点を広げたり、発想を広げたりするステージでは、評価をせずにどんどんアイデアを広げます。特に、「自己評価しない」で発言することが大切です。これが意外と難しい。人前では、「考えてから発言しろ」という教育を新入社員のころから叩き込まれているため、「こんなことを思いついたが、それは正しいだろうか」と考えがちです。これでは、アクセルとブレーキを同時に踏んでいるようなもので、前に進めなくなってしまいます。「拡散」のステージでは、正しいかどうか評価せず、思いついたまま発言するように促します。そして、質より量を重視します。

一方、「収束」のステージでは、拡散した視点やアイデアの中から、有効なものを冷静に評価し、選択します。玉石混交の中から磨けば光る玉を見極めることになります。

この2つのステージがあることを伝え、ワークショップ中に「今は拡散のステージです」「ここから収束のステージに入ります」と明確にすることで、数多くのアイデアが出て、かつ有効な解決策を見出すことができるのです。

②インサイトの抽出

1 ターゲット消費者に関するレビュー

事前に行った家庭訪問調査などから得た発見などを、相互に発表しあいます。コアメンバーに調査担当者がいる場合は、その人から調査結果を報告してもらいながら、どんどん意見を出します。

このとき、意見を言う人は、必ずポスト・イット（7cm角）に書き留めます。言いっぱなしにしないことがとても大切です。また、ファシリテーターが書き留めるのではなく、必ず本人が書き留めます。

よく、ファシリテーターが白板の前に立って、メンバーの意見を書き留めていく場面を見かけますが、これには大きな問題があります。よほど訓練を積んだファシリテーターでないと、自分の枠組みや仮説に沿って、発言を取捨選択したり言葉を書き換えたりしがちです。そうすると、ファシリテーターのマーケティングスキル以上の解決策を見つけ出すことができなくなります。(このスタイルは、リーダーがスタッフの意見を聞いているように見せながら、実は自分の意見に着地させたいときに有効な方法なのです)

そのため、発言した人が、必ず自分で書き留めていきます。

＊ポスト・イットの色に、意味合いを持たせておくことをお勧めします。

黄色は、消費者のニーズや気持ち。インサイトに集約する場合も、黄色に書きます。

青色は、プロポジション。企業側からの提案やメッセージ、製品コンセプトなどを書きます。

ピンクは、具体的なマーケティング案。製品の概要やコミュニケーション施策などを書きます。

色分けをはっきりしておくと、「インサイト&プロポジション」の関係が「見える化」され、何が足りないか、何を議論すべきかなどがわかりやすくなります。

2 消費者ニーズ・感情の抽出

消費者のニーズ・感情を、さまざまな視点から出し、黄色のポスト・イットに書いて貼り出していきます。「拡散」のステージです。

まず、ヒューマンインサイトに関わる、「そもそも」のニーズを出していきます。

例えば、「インドでのベビー用・紙おむつ」であれば、以下のような視点から出していきます。ターゲットは、子育て期の母親です。

「(インドの)女性として、大切にしていることは？　どういう自分でいることが理想的か？　理想の女性像は、今後どうなっていくと思う？」

「育児で大切にしていることは何？　それは、どういう気持ちから？」

「子育てをしていて嬉しいときは？　不安になったり、自信がなくなったりするのは、どういうとき？」

「理想の育児をしている母親は、どんなタイプの人？」

「義母に、面と向かっては言えないけど、本当はわかってほしいことって、どんなこと？」

女性として、母親として、育児について、義母との関係について、幅広い視点から次第に焦点を絞っていきます。

次に、カテゴリーインサイトに関する、商品カテゴリーに対するニーズや感情を出していきます。「インドでの紙おむつ」の例で言えば、以下のような項目から出していきます。

「紙おむつは、どういうイメージ?」
「布おむつとは、何が違う? 機能性だけでなく、どういうイメージの違いがある?」
「布おむつから、紙おむつに変えることをどう思う? どういう良さを感じる? 不安や抵抗感はある?」
「紙おむつを使う母親は、どういうイメージ?」

このようにして、製品カテゴリーに関する、機能的・心理的なニーズを洗い出していきます。

製品カテゴリーにイノベーションを起こす場合（高いイノベーションレベルを設定している場合）は、「そもそも」のニーズの洗い出しに時間をかけます。

一方、製品改良など、イノベーションレベルが低い設定の場合は、製品カテゴリーに関することニーズや感情の掘り下げに時間をかけます。

③インサイトをとらえるプロポジションの開発

1 プロポジション案を数多く出す

消費者のニーズや感情が、壁一面に貼り出されています。ここから、いきなり優れたプロポジションを開発するのは難しいため、段階を踏みます。

まずは、プロポジションへの第一歩となるアイデアを数多く出します。まだ「拡散」のステージですので、ここでも、評価せず数を多く出すことを心がけます。

「インドの紙おむつ」の場合であれば、次のようなお題をもとに、アイデアを出します。「子育て期の母親が、こういう気持ちでいるのなら、紙おむつから、こういう提案ができるのでは？」というお題で、プロポジション案を出していくのです。

ここからは、青色のポスト・イットに書き込みます。また、どの「ニーズ・感情」をとらえたプロポジションであるかがわかるよう、「ニーズ・感情」を書いた黄色のポスト・イットのすぐ隣（下）に、青色のプロポジション案を貼り出していきます。

④有効な「インサイト&プロポジション」の選択

1 インサイト&プロポジションの選択

数多くの「ニーズ・感情」（黄色）と「提案」（青色）の組み合わせが、壁一面に貼り出されています。今は、まだ玉石混交の状態ですが、ここから有効な組み合わせを見極める作業に入ります。

「収束」のステージに移るわけです。

有効な「インサイト&プロポジション」を選ぶ基準は、以下の4点です。

- ニーズ・感情は、強いか？
- プロポジションは、今までにない、独自性の高い提案になっているか？
- プロポジションは、自社の技術や強みを活かせそうか？
- 新製品開発を含むマーケティング施策に落とし込めそうか？

2 フレームワークへの落とし込み

第1章でお話しした、フレームワークに落とし込みます。フレームワークに落とし込むことで、「インサイト」と「プロポジション」がともに適切か、両者が密接に結びついているか、チェックすることができます。

インサイトがいくら強くても、プロポジションがありきたりでは、市場にインパクトを与えることができず成功しません。逆に、プロポジションが一見魅力的に見えても、きちんとインサイトをとらえたものでなければ、上滑りする危険性が高いといえます。

また、複数の「インサイト&プロポジション」の仮説がある場合は、それぞれ別々にフレームワークにまとめます。異なった視点をひとつにまとめてしまうと、焦点がぼやけてしまうからです。

3「インサイト&プロポジション」の精査

インサイトとプロポジションの言葉磨きをします。

インサイトは、消費者の「生の言葉」をできるだけ使います。抽象概念にまとめてしまうと、具体性を失い、プロポジションも抽象的なものになりがちなので、注意が必要です。「生の言葉」を使うことで、消費者の気持ちから乖離するのを防ぎます。

プロポジションでは、ひとことで提案を言い表せる「キーワード」をつくる努力をします。インサイトで見つけた「生声」がそのままプロポジションのキーワードになることもあります。

優れたプロポジションは、望ましいイメージの広がりがあるものです。プロポジションは決して広告コピーのように、外に出て行くものではありませんが、社内の関係者が「どういう製品をつくろうとしているのか、どういう戦略をとろうとしているか」を即座にイメージできるような強い言葉にする必要があります。

⑤ 具体案の開発、プロトタイプの作成

1 具体的なマーケティング施策案の開発

開発したプロポジションから、具体的なマーケティング施策案を考え出します。新製品開発をともなう場合は、どういう製品か具体化します。どういう機能を持った、どういう使い方をする製品かなど、製品特性やＲＴＢ（Reason to Believe）を考えます。

そして、自社の独自技術や企業資産、ブランド資産を効果的に活用できるかを検討します。市場を創造したあと、それを占有するための自社の「強み」は何か？　を、はっきりさせるのです。

2 プロトタイプの作成

プロトタイプとは「試作品」のことです。その試作品をつくることを「プロトタイピング」と言います。ワークショップの場で、新製品のコンセプトを実際に「見える」形にします。製品開発に使われるさまざまな素材や紙、はさみやペンなどをワークショップの場に用意しておき、その場で工作し色を塗り、試作品をつくるわけです。

家電業界など、デザイン思考（Design Thinking）が導入されている業界では一般化している手法ですが、あらゆる業界・製品カテゴリーで有効です。

有名な例では、初代のウォークマンはプロトタイピングが大きな役割を果たしたと言われています。実際に、カセットデッキの再生部分だけを取り出して小型化し、首からぶらさげて音楽を聴くというプロトタイプがあって、それを見た経営トップも技術陣もその実現に向かったと言われています。

ソフトやサービスであっても、仕組みを図示したりして、「見える化」を図ります。紙に書いた試作品を「ペーパープロト」と言いますが、このレベルであっても、コンセプトだけよりも有効です。

「見える化」すると、何がよいのでしょうか？

ひとつは、抽象的な概念になりがちな製品コンセプトが具体化され、関係者全員で同じ完成形のイメージを共有することができることです。

また、形になることで、消費者にとって魅力的かどうか、直感的に魅力が伝わるかどうかを見極めることが容易になります。何が不十分か、どのあたりをさらに詰めなくてはならないかもわかってきます。

消費者調査で検証する場合でも、文章だけのコンセプトテストより、見たり触ったりできるプロトタイプがあったほうが、格段精度の高い結果を得られます。

また、意思決定者が、開発にゴーサインを出しやすくなるという利点もあります。

⑥ 検証するアイデアの決定と、調査方法の合意

1 各グループからの発表・相互評価

各グループで開発した「インサイト&プロポジション」「プロトタイプやマーケティング案」を、全員にプレゼンします。プレゼンの場では、評価せず、質疑応答だけを行います。

全グループからのプレゼンが終わったら、相互に評価します。どの案が良かったか、色

玉シールなどを使って、全員が投票します。そして、投票結果をもとに、どの案が有力か、各案の強み・弱みはどこにあるかを見極めていきます。

2 ネクストステップの確認

ワークショップの結果を受けて、どのように進めるかを全員で合意します。

さらに、製品概要を詰める必要がある場合もありますし、イノベーションをともなう場合は、その領域の専門家を交えて再度ワークショップを行うケースもあります。

ある程度、精度の高い「インサイト&プロポジション」や「製品案」が出来ている場合は、どの案を調査にかけるか決め、調査方法まで概要を詰めます。

ワークショップの大きな流れについては、以上になります。

さらに、具体的なワークショップの進め方をお知りになりたい方は、前著『「思わず買ってしまう」心のスイッチを見つけるためのインサイト実践トレーニング』に詳しく書いていますので、参照いただければと思います。

ワークショップのファシリテーター

誰が、ファシリテーターになるか？

多くのプロジェクトでは、筆者がファシリテーターを担当していますが、プロジェクトのコアメンバーのリーダーが行うケースもあります。部門横断的に多くの参加者をリードすることになりますので、現場のトップという立場にある人が適任です。（経営陣などの意思決定者がファシリテーターをつとめると、現場の若手が自由に意見を言えなくなる怖れがあります。海外の場合、日本人以外のメンバーは役職の高低に関係なく意見を言える人が多いですが、国内の場合は注意が必要です）

ファシリテーターの心得は？

ファシリテーターには、いくつか必須の心得があります。

①自分の仮説を持ちながら、異なる意見を歓迎する。

ファシリテーターには、マーケティング全体を通しての仮説を持っていることが欠かせません。具体的には、「市場機会がどこにあるか」を見出して成長戦略のシナリオを策定し、このあたりに解決策としての「インサイト&プロポジション」がありそうだという仮説を持っている必要があります。

仮説があってはじめて、ワークショップのプログラムを設計できますし、どこを掘り下げるべきかを考えられます。

しかし、その一方で、自分の仮説に固執しないことも必要です。自分の仮説以上に効果的な「インサイト&プロポジション」を開発することを目標にします。自分の仮説は、最低限の担保ぐらいに考えておきます。そうすることで、自分とは異なる意見や発想を歓迎することができるようになります。

②ワークショップのコントロールは、すべて「質問」で行う。

ファシリテーターは、「インサイト&プロポジション」の幅や深さをコントロールする必要があります。また、議論のポイントがずれている場合は、それを元に戻す必要がありますし、議論が行き詰っている場合はそれを打開する必要があります。

それらのコントロールを、すべて「質問」を投げかけることで行います。ワークショップの進行プログラムは、すべて「質問」の提示で組み立てますし、軌道修正も「質問」を投げかけることで行います。自分の意見を言う代わりに、質問をするわけです。

これによって、ワークショップ参加者は、誘導された感を抱くことなく、「自分ゴト」として考え発想することができます。また、的外れの質問はスルーされるので、ファシリテーター自身も考えを修正することができます。

3

―― 海外事例 ――

インドでの「紙おむつ」のマーケティング戦略開発

ワークショップを通して、どういう成果を生み出すか？「インドでの紙おむつ」を題材にして、またシミュレーションしていきましょう。

第2章の成長戦略シナリオで、布おむつから紙おむつへ。そして、紙おむつの使用頻度を「月1枚」から「毎日1枚」に高める。「特別なときのお出かけ用」から「日常的な使用」へ変える、という仮説を設定しました。

では、どのようなインサイトをとらえた、どのような提案をすれば、日常的に使ってもらえるようになるのでしょうか？　これが、ワークショップのゴールとなるアウトプットです。

布おむつ神話は、絶対か？

インドの家のつくりは、玄関を入ると広いリビングがあります。ソファがあって、くつろげるようになっています。家全体の広さから考えると、かなり広めにとっています。誰かが訪ねてくると、このリビングで会うことになります。インドでは、リビングが応接間も兼ねているわけです。そのため、調度品なども、その家なりにいいモノを置いていますし、きれいにしています。

その一方で、それぞれの居室は、家族の人数の割に狭いつくりになっています。こういう生活環境の中で、赤ん坊が大声で泣き出すと、家中に響き渡ります。

しかし、今は「布おむつ」を使っています。赤ちゃんは、おしっこをするたびに、布おむつがベチャベチャに濡れて気持ち悪くなって、大泣きします。赤ちゃんが泣くのは、何らかの不快感があって訴えているからなので、家族にとっても（お母さんだけでなく、義母にとっても）泣くたびにどうしたのか気にかかり、ストレスになります。

それでも、布おむつを使っているのは、義母が布おむつを信奉しているからだというお話は既にしました。義母は、自分が子育てをしていた若かったころ、布おむつを使っていたからです。

なぜ、義母は、布おむつが紙おむつより良いと思っているのか？

それは、紙おむつでは、赤ちゃんのお尻が「おむつかぶれ」を起こすと思っているからです。たしかに、布おむつは、風通しがよいというか、隙間だらけです。それに比べると、紙おむつは、おしっこが漏れないように密封されています。

ここから、導き出される紙おむつの問題点（紙おむつに対する認識）は、「おむつかぶれを起こす」というイメージです。実際には、紙おむつは、おむつかぶれを起こさないようにできているのですが、義母が抱くそのイメージが最大の問題点だとしたら、その思い込みを払拭するだけのわかりやすい特徴を持った製品が必要になってくるでしょう。

紙おむつのベネフィットは、何か？

では、紙おむつは、「おむつかぶれを起こさない」というベネフィットがあれば十分でしょうか？　いいえ、それでは、布おむつでいいことになります。

布おむつと違って、紙おむつは、洗濯しなくてよく、何度も取り替えなくて済む「便利さ」がベネフィットでしょうか？　これは、母親にとっては大きなベネフィットですが、これでは義母から「手抜きするダメ嫁」のレッテルを貼られてしまいます。家に入る嫁にとって、義母からダメ出しをされることは何より避けたいところです。

では、母親が望んでいて、かつ義母も認めてくれるベネフィットは、いったい何でしょうか？

それは、大事な赤ちゃん（男子の場合は、特に大事な跡取り息子）が、すくすくと元気に育ってくれることではないでしょうか。

ここから仮説を立ててみます。

紙おむつをつけた赤ちゃんは、おしっこをしても気持ち悪くならないので、心身ともにストレスがありません。泣かずにすみますし、ハイハイをするなど、動いていられます。そして、すくすく元気に育ちます。紙おむつのほうが、大事な赤ちゃんの成長にいいわけです。

また、赤ちゃんが、おしっこをするたびに泣くことがないと、家族全員もストレスなく過ごせます。義母にとっても、赤ちゃんが大泣きする回数が少なくなれば、赤ちゃんが気持ちよく元気に育っていることを実感できますし、自分自身の気持ちも休まります。

インサイト&プロポジションが、市場を開拓できるか?

この仮説に沿って、キーインサイトをまとめてみると、「赤ちゃんが、すくすく元気に育ってほしい。でも、今の布おむつでは、おしっこをするたびに気持ち悪くて、大泣きしてしまう。かといって、紙おむつは、おむつかぶれを起こしそう」というものになります。ヒューマンインサイトと、それに応えていないカテゴリーインサイトの組み合わせでできていることに気付かれたでしょうか。このヒューマンインサイトと今の製品カテゴリーのギャップに、潜在ニーズがあると考えるのです。

では、このインサイトをとらえるプロポジションは、何でしょうか?
「紙おむつなら、おしっこのたびに赤ちゃんが大泣きすることなく、すくすく元気に育つ。おしっこをしても、さらさらで、お尻の肌にいい」というような提案が考えられます。

ここで、いくつか大事なポイントがあります。
母親にとって、紙おむつは、おしっこのたびに取り替えなくてよいという「便利さ」が大きなベネフィットですが、これを中心に置くと義母の反感を買ってしまいます。母親にとってしかベネフィットがなければ、子供のことより自分がラクをすることしか考えていないとみなされるからです。

一方、義母にとって「赤ちゃんが泣かないと、自分もストレスなく気持ちが休まる」ことは、実は大きなベネフィットです。実際、紙おむつを使い始めた家の義母が、最初に実感する良さは、「自分も気持ちが休まる」ことです。しかし、この点をプロポジションの中心に置くと、義母は心理的な抵抗感を感じます。嫁に「便利さより、子供のことを第一に考えなさい」と言っておきながら、「自分の気持ちが休まるから使っていいよ」では、あまりに身勝手な気分になってしまいます。

そのため、「赤ちゃんが、大泣きせずに、すくすく元気に育つ」という、赤ちゃんにとってのベネフィットを中心に置いているのです。そして、これは、義母にとっても母親にとっても最も大切なベネフィットです。両者の意見が合う、最大の共感点。そして、それが、紙おむつを使う大義名分になるのです。

このように、いくつもあるニーズの中で、購入や使用に結びつくホットボタンを選ぶことが重要です。そして、プロポジションから、どういうイメージ連想が働くかをシミュレーションしながら、注意深くインサイト&プロポジションを特定するのです。

製品開発などのマーケティング戦略開発に、どう落とし込むか？

紙おむつには、「おむつかぶれを起こす」イメージがあります。特に、義母には強い思い込みがあります。これを払拭するには、「おむつかぶれを起こさない」などの「〜ではない」という提案では不十分なのではないでしょうか。「布おむつより、赤ちゃんの肌に良い」というぐらい強い提案があってはじめて、人の見方が変わっていきます。では、そのために、どのような製品が考えられるでしょうか？

例えば、スポーツウエアの「吸湿速乾」のような機能を持った紙おむつが考えられます。おしっこをしっかり吸収して、かつ、通気性の良い素材を使うわけです。あるいは、保湿成分入りのローションティッシュ（鼻セレブなど）のような、ベビーオイル入りの紙おむつが考えられるかもしれません。義母もよく知っているような、インドの伝統的なオイルを使用すれば、さらに効果的ではないでしょうか。赤ちゃんのお尻をより健康な肌にする紙おむつなら、義母も賛成してくれそうです。

以上の例のように、プロポジションから、さまざまな製品アイデアが生まれます。

これらは、プロトタイプをつくって、母親や義母に見せ、実際に使ってもらうことで、どれが最も優れた新製品案かを検証することができます。

このように、ワークショップでは、目標に沿って「インサイト&プロポジション」を開発し、新製品のアイデアまで考え出します。

そして、この製品とマーケティング活動が、想定したシナリオ通りに、「布おむつから紙おむつへ」「月1枚から、毎日1枚へ」使用を拡大し、市場を開拓することができるかを見定めるのです。

第3章 まとめ

●市場機会をとらえ成長シナリオを達成するために、「インサイト＆プロポジション」およびマーケティング活動案の仮説を立てる。

●消費者を知る究極のゴールは、「消費者になりきる」こと。そのために、人々がどういう生活をしていて、その中で製品をどのように使っているかという「肌感覚」を大切にする。

●「いいモノ」の定義を、スペックではなく、「消費者にとって価値のあるモノ」に転換する。また、モノづくりに、人々が品質の良さを実感できる「知覚品質」を取り入れる。

●グローバル・インサイトワークショップは、部門間の壁、本社と現地の壁を取り除き、インサイト＆プロポジションや新製品開発などのマーケティング活動案をシームレスに開発し共有する上で、有効な方法。

●インサイトワークショップを成功させるカギは、準備段階で目標設定が共有されていること。また、成長シナリオから実施案の開発まですべてのプロセスを俯瞰的にとらえ、目標達成が見通せるようにすること。

●ファシリテーターは、「質問」によって、ワークショップをコントロールするとともに、参加者の創造力を引き出す。

第4章

製品開発部門を含む「全社」で取り組む

INSIGHT

1 「全社」で取り組むためには、何が必要なのか？

消費者ニーズを探り出し、それをとらえる解決案として「製品」を開発する。そのためには、「開発部門」を含むさまざまな部門が連携した、全社的な取り組みが必要です。言い換えれば、マーケティングは、全社で取り組む経営そのものです。

しかし、日本企業の多くは、マーケティングを「流通」「広告プロモーション」などの「売り方」としてとらえてきたのではないでしょうか。部門でいえば、「販売・営業部門」「調査部門」「顧客サービス部門」「広告・宣伝部門」など、一部の部門だけがマーケティングを担うと考えてきた企業が少なくありません。

マーケティングの4Pに「製品（Product）」が入っていることは、誰もが知っていることだと思います。しかし、今まで「製品」は研究・開発の成果としてつくられ、消費者視点というマーケティングの考え方を取り入れる意識が薄かったのではないでしょうか。

技術・開発部門を含む、全部門が「インサイト起点のマーケティング」に取り組み、成果を上げる。その実現には、どのような環境・組織・仕組みが必要なのか、見ていくことにしましょう。

●トップマネジメントが、消費者志向にコミットしていること

さまざまな判断、意思決定を行うに際して、消費者の視点を重視する。

●全部門の全社員が、消費者視点を優先するという共通認識を持っていること

部門を超えて、マネジメントから一般社員まで役職レベルをまたいで、認識を共有している。

この2点は、まさに基盤となるものですが、それが浸透し文化として定着している代表例として、P&Gがあります。

P&G「Consumer is Boss」

「Consumer is Boss（消費者こそが私たちのボス）」。P&Gでは、経営トップから現場にいたるまで、世界中の全社員がこの理念を共有しています。

そして、部門や地域を超えて、インサイトやマーケティング戦略を共有できる「フレームワーク」を持っています。フレームワークがあることで、全社員が共通の思考体系の中でマーケティングに取り組むことができるのです。また、部門間や地域間で、建設的に議論したり確認したりすることができます。そして、世界中の、すべての商品カテゴリー、ブランドのベストプラクティス（成功事例）を参照することが可能です。

また、P&Gでは、戦略をたった1枚のフレームワークにまとめます。1枚にまとめるためには、インサイトや戦略を研ぎ澄ます必要があり、毎回、考えを凝縮し伝える訓練が積まれることになります。

以上のような仕組みや企業文化は、けっして一朝一夕に根付くものではありません。継続的に取り組み、成功体験を積み重ねることで、浸透していきます。

では、インサイト起点のマーケティングを、全社にどのように導入し浸透させていくか、そのステップを紹介していきましょう。（**図18**参照）

2 「インサイト起点のマーケティング」を全社に導入するステップ

①全社的な取り組みの合意

まず、トップマネジメントが、消費者視点を重視した製品開発や価値創造、ブランド育成など、消費者重視の方針を明確に打ち出す必要があります。いわば社内的な宣言です。お題目を並べるだけでなく、具体的にどのような取り組みを行っていくかを発表するのです。

「インサイト起点のマーケティング」の導入を発案・推進する人が、ある部門の部門長や上級管理職である場合は、マネジメントと考えを摺り合わせ、全面的に支援してもらえる態勢を整えておくことが重要です。なぜなら、いろいろな部門を巻き込んで推進するために、マネジメントの協力が不可欠だからです。

図18　「インサイト起点のマーケティング」を全社に導入するステップ

①全社的な取り組みの合意

▼

②部門横断的な地ならし（講演会・事前演習）

▼

③プロジェクトでの成果

▼

④導入する事業分野、ブランド、地域の拡大

▼

⑤インサイト起点のマーケティングのメソッド化

▼

⑥メソッドの浸透と運用スキルの向上

筆者がコンサルティングをする場合でも、最初にトップマネジメントと面談し、ビジョンの共有、現在の課題意識、ゴールイメージ、考え方やメソッドなどを擦り合わせてからスタートします。

②部門横断的な地ならし――共通認識をつくる、講演会や事前ワークショップ演習

実務でのプロジェクトに取り組む前に、部門横断的に地ならしをします。インサイトからどういう成果が生まれるか、その有効性や考え方を共有し、認識合わせをするのです。また、インサイトやプロポジションといった、言葉の意味も共有します。

このとき、全部門を巻き込む、特に事業の中心となる部門やキーパーソンを前向きにする上で、ちょっとしたコツがあります。それは、顧客を知ることが「売れる」製品をつくることにつながること、逆に言えば「売れる」製品というアウトプットのために、インサイトというインプットが重要なのだと感じてもらうことです。事業責任者の一番の関心事である、「売れる」アウトプットに焦点を当てるのです。

筆者がコンサルティングをしてきた例では、まず講演会を行い、幅広い層で共通認識を

つくります。講演会であれば、海外や国内支社等も回線でつなげますし、数百人単位でも2時間程度の時間なら確保できるためです。

このとき、すべての部門の主要メンバーが参加していることが重要です。開発部門や宣伝部門など、欠けている部門があると、プロジェクトを推進していくとき大きな障害になってしまいます。また、取り組み方について、Q&Aやディスカッションを行い、納得感をもって本番にのぞんでもらうことが大切です。

また、同じ内容の話を、経営陣から、部門長、中間管理職、現場メンバーまで、すべての階層が聞くことも重要です。特に管理職以上の参加は必須です。考え方の共有や言葉合わせができておらず、本番が始まってから、「インサイトって、聞き慣れない言葉だが、やる意味はあるのか？」といった人が中間にいるようでは、そこがボトルネックになってしまうのです。

さまざまな部署、階層のメンバーが一堂に会し、共有するためには、マネジメントからの号令で召集する必要があります。また、「研修」ではなく、「導入のキックオフ」という位置付けで召集することも肝要です。

その後、主要部門の管理職以上のメンバーや、最初に取り組むプロジェクトのメンバーで、事前にインサイトワークショップの練習をすることもよくあります。

事業に直接関連しない演習テーマで、インサイトからプロポジションを開発するワークショップを行い、取り組み方や思考パターンに慣れてもらいましょう。いきなり本番のワークショップを行うと、やり方を習得しながら、有効なインサイト&プロポジションを開発しなければならず、負担が大きいためです。

③プロジェクトでの成果

ある商品カテゴリーや自社の特定のブランドについて、プロジェクトベースで取り組み、成果を出します。やはり、最初のプロジェクトで、「インサイトをとらえて、成功した」という成果を出すことが非常に大切です。

成果が出ることがわかると、導入に懐疑的だった事業部も、取り組みを始めるようになります。社内に浸透させ広げていく上で、実際の成果が最も効果的です。製品開発に非常に時間がかかる業種の場合は、「製品コンセプト」段階での購入意向が高いなど、調査結果を成果として挙げる場合もあります。

この成功事例を紹介する勉強会を、事業部横断的に行い、導入する事業部を募集・拡大していくことも多く行っています。勉強会を、海外各地の現地法人にも中継し、導入する国・地域を拡大していきます。また、企業内の広報誌やニューズレターなどに成功事例として紹介し、英語版を海外の販社に配信、各国の反応を収集して、その後のワークショップ開催に活かしたケースもあります。

このように、成功事例を社内で共有し、導入する事業やブランド、地域を拡大していきましょう。

④事業分野、ブランド、地域の拡大

さまざまな事業分野（商品カテゴリー）、ブランド、地域（国・リージョン等）へ導入を拡大していきます。そして、ひとつひとつ、成功例を積み重ねていきます。

事業分野やブランド、地域によって、課題が異なりますし、市場機会も異なってきます。そのため、インサイトを探る調査手法やアプローチ方法も違ってきます。すべての事業分野、ブランド、地域に共通する基本的なアプローチ方法と、異なる点を整理しておきましょう。

また、既存の企業文化や業務プロセスとの摺り合わせもします。インサイトを起点にマーケティングを行うという基本的な考え方は変わりませんが、取り組み方は型にはめるのではなく、その企業にとって最もふさわしい方法を編み出します。実際のプロジェクトで試行錯誤しながら、その企業の良さが活かせ、難所になりがちな点を克服できる方法を考え出すのです。

⑤ インサイト起点のマーケティングのメソッド化

第1〜3章でお話ししてきた、基本的なアプローチ方法をもとに、その企業独自のメソッドをつくり上げます。さまざまな部署、地域のメンバーの誰もが、このメソッドを理解し活用できるよう、「ガイドライン」を作成する場合もよくあります。

「ガイドライン」は、うまく運用するための手引きとなるものであって、方法を規定する「マニュアル」ではありません。

「ガイドライン」は、以下の2種類をつくるのが有効です。

ひとつは、「概要」篇。全社員を対象に、誰もが理解し、業務に活かすための指針となるものです。インサイトの重要性や考え方、「インサイト&プロポジション」といった基本的なフレームワーク、インサイトをマーケティングに活用する業務プロセスなど、基本的な項目をカバーします。日常的な業務に活かすとともに、戦略立案に関わるプロジェクトやインサイトワークショップなどに召集されたとき、誰もが貢献できるようにするものです。

もうひとつは、「実践」篇。インサイト起点のマーケティングを主導する部署やメンバーを対象に、実際に運用し成果を出すための指針となるものです。概要篇の内容に加えて、専門的なスキルや運用面での実務について触れます。例えば、インサイトを探索したり検証したりするための調査手法、ワークショップの準備・設計・実施・まとめ方、ファシリテーションの心得や勘所などです。他部門を巻き込みながら、プロジェクトを推進し、成果を出せるようにするものです。

⑥ メソッドの浸透と運用スキルの向上

「研修」や「勉強会」という形で、成功事例を紹介しながら、全部門・地域に浸透させていきます。また、それに加えて、インサイト起点のマーケティングを主導する部門やキーとなるメンバーには、運用スキルを向上させる教育プログラムを組みます。

基本的には、実務やプロジェクトの中で（ＯＪＴの形で）、調査時のインサイト発見能力を高めたり、ワークショップでのファシリテーションスキルを高めたりします。そして、運用スキルをマスターし、他の社員を教育できる、管理職以上の「インサイトマーケター」を育成することを目標にしましょう。

3 インサイト&プロポジションを、切り離さない——部門間の壁をどう乗り越えるか?

インサイトは、プロポジションという戦略提案を導き出し、新製品などのマーケティング活動となってはじめて、意味を持ちます。

そして、成果を上げるためには、インサイト～プロポジション～新製品を、一貫した戦略のもとに開発し、実現する必要があります。

そのためには、さまざまな部門が、戦略の核である「インサイト&プロポジション」を共有し、密接に連携していることが不可欠です。

しかし、大企業になればなるほど、機能別組織間の壁ができがちです。

例えば、ある事業部のマーケターが消費者ニーズをもとに、新商品のコンセプトを開発したとしましょう。開発部門に持っていくと「これはつくれないなあ」と言われ、販売部門に持っていくと「これは売るのが難しいなあ。バイヤー受けしそうにないなあ」と拒否される。こういう不毛なやり取りが日常的に起きているのではないでしょうか。

「消費者視点を優先する」という認識が共有されていたとしても、各部門（の担当者）にとって「自分ゴト」になっていなければ、壁ができてしまうものなのです。

誰にも読まれず宝の持ち腐れになっている、消費者調査レポート

日本の中では、消費者調査やマーケティングに力を入れていると言われている大企業でも、貴重な消費者調査レポートが宝の持ち腐れ状態になっているのを見かけることがあります。

消費財メーカーで、業界を代表するようなリーディングカンパニーには、「生活者研究所」といった消費者理解を専門に扱う部署がよくあります。海外の生活者を研究対象にしているところもあります。

しかし、ここでの研究成果が実際の製品開発やマーケティングに活かされている例はあまり見かけません。

それは、なぜだと思いますか？

最大の理由は、消費者理解とマーケティング活動を結びつける意識や風土が希薄だからではないでしょうか。

消費者研究・調査部門は、レポートを作成し、事業部門に報告するまでが業務範囲になっており、それが目的になっています。事業部に働きかけて、実際のマーケティング活動に活かしてもらうことを目的にしていません。また、そういう意識があったとしても、報告会のほかに、事業部などのマーケティング実施部門に働きかける仕組みがないことが原因ではないでしょうか。

一方、事業部のほうでも、消費者研究・調査部門のレポートや報告は、「参考」程度にしか受け止めていません。海外の消費者研究でも、自分が考えるための背景情報としてインプットしておこうというぐらいにしか考えていないことが多いようです。レポートには製品開発やマーケティング戦略開発のヒントになる情報が満ち溢れているのに、なぜ注目されないのでしょうか？

事業部の担当者は、短期的な目標達成のための施策開発に追われています。中期的な視野でニーズをとらえるより、開発部がつくった製品をもとに戦略を立てたほうが確実に実施できます。

また、調査結果だけを見ても、消費者の「生声」として実感を持てないことも大きな理由のひとつでしょう。その結果、事業部はマーケティング戦略を立案するにあたり、同じような調査を別途実施しているケースが多く見られます。また、自分が立てた仮説を検証して裏付けをとるための調査ばかり実施しているケースも多いと言えます。

これは、インサイトとプロポジションを結びつける意識が希薄なこと、消費者ニーズの発見と新製品の開発を結びつける「仕組み」がないことが、大きな理由だと思われます。

では、どのような「仕組み」が考えられるか、見ていくことにしましょう。

ユニ・チャームの「三位一体」の取り組み

ユニ・チャームは、インサイトを非常に重視している企業です。

海外市場、特にアジア各国で競合するのは、P&Gをはじめとする、資本力が桁違いに大きいグローバル企業です。そういう企業に対抗し、アジア市場でトップシェアを獲得するためには、消費者ニーズを的確につかみ、限られたリソースを集中的に投資する必要があります。あちこちにリソースを分散させていては、強大なグローバル企業に勝てません。

そのため、各国でのインサイトを探索するリサーチ部門の専門性やスキルが非常に高いのですが、発見した消費者ニーズを製品開発やマーケティング活動に結びつける「仕組み」ができ上がっている点が大きな強みになっています。

ユニ・チャームのホームページにも掲載されていますが、その仕組みは「インサイトリサーチ・研究開発・マーケティングの三位一体」として紹介されています。

インサイトリサーチは、消費者の生活実態や消費実態を徹底的に観察し、消費者の潜在意識にある真のニーズを追求する役割を担います。そして、そのニーズをとらえて、製品を開発したり、マーケティング活動を行ったりできるよう、密接に連携しているのです。

基本的には、この3つの機能・組織がチームを組んで、製品開発を行い、マーケティング活動を実施します。これは、日本の本社だけでなく、各国の現地法人でも同じように、3つの役割を果たすメンバーがチームを組みます。どの国にも、小さな相似形のようなチームができるわけです。

多くの日本企業では、海外の現地法人は、販社のように販売だけを担うことが多いのに対し、ユニ・チャームでは市場開拓の早い段階から「調査」「開発」のメンバーが赴任して、現地の消費者ニーズをとらえた製品開発に着手します。

そして、現地の3者で考えられた案が、本社でも3部門間で検討されることになります。そのため、開発の実現性のチェックや優先順位付けなどの判断が迅速に行われるのです。

部門間・機能間の連携だけでなく、現地と本社の連携にも優れた組織・仕組みだと言えるでしょう。

全社的な組織体制でなくても、部門横断的に取り組む「仕組み」はできるか？

全社的な組織でなくても、部門横断的に、インサイト起点のマーケティングに取り組む方法はあるでしょうか。いくつかの方法を紹介していきましょう。

- 部門横断的なプロジェクト・チーム
- 社内ベンチャー
- ブランド・マネージャー制（または、プロダクト・マネージャー制）
- 消費者との「共創」

部門横断的なプロジェクト・チーム

大企業の場合、まずはトップマネジメント直轄のプロジェクト・チームから始めてみるのがよいのではないでしょうか。

プロジェクト単位であっても、部門横断的なチームで、インサイト探索からマーケティング戦略の立案まで一貫して取り組むことができます。部門を超えて、戦略の核となる「インサイト&プロポジション」を共創し合意することで、部門間の壁を乗り越えられるようになるのです。

また、トップマネジメント直轄であれば優先度が高いため、例えば「開発」のメンバーなら、もともとの所属先である開発部門の支援を得て、実現への道筋をつけることもできます。

前述の「全社に導入するステップ」でも、プロジェクト・チームでの取り組みから始めることを提唱しています。

社内ベンチャー

インサイトから導き出した新製品や新サービス、ビジネスモデルがイノベーティブであった場合、社内ベンチャー的な制度があれば、活用できます。

大企業の場合、いかに中小企業やベンチャー企業のような少人数のコンパクトな組織をつくれるか、そして自分たちで決定できる権限を持てるかが成否を分けます。必要な職能を持った最小限のメンバーが、各自の職能にとらわれずに自由にアイデアを出し合い、実現させていくことができます。

ブランド・マネージャー制

P&Gやユニリーバなどのグローバル企業では、ブランド・マネージャーは、担当ブランドに関するすべての権限と責任を持ちます。そのため、担当ブランドについては、調査部門も、研究開発部門も、広告コミュニケーション部門も、すべて巻き込み、統括することができます。

「インサイト探索から、新製品開発・マーケティング戦略開発」まで、ひとりの人間が中心となって開発しマネジメントするため、インサイトとプロポジションが結びつかなかったり、一貫性を失ったりする怖れは少なくなります。また、ブランド・マネージャーは、ビジネス上の成果を目指してアウトプットを重視するため、インサイトというインプットだけに留まる怖れも少なくなります。

しかし、日本企業の場合は、ブランド・マネージャーやプロダクト・マネージャーという肩書きがあっても、事業部やマーケティング部門のブランド担当責任者程度の権限しか与えられていない場合がほとんどです。上司にカテゴリー責任者や事業部長がいて、さらにその上の事業担当役員やマーケティング担当役員の承認も得なくてはならない。このような一部門の中間管理職という位置付けであれば、ブランド・マネージャーであっても、開発部門や調査部門などに対する影響力も限定的なため、部門間の壁を乗り越えられない可能性があります。

ブランド・マネージャーとは名ばかりの、日本企業のブランド担当責任者は、どうやって部門間の壁を乗り越え、さまざまな部門の力を結集すればよいのでしょうか？

そのヒントをご紹介しましょう。日本企業で成果を出している優秀なブランド・マネージャーは、非公式な会合であっても、さまざまな部門の担当者を巻き込んで話し合う「オフ会」のような場を定期的に設けている人がけっこう多いのです。このオフ会は、ざっくばらんに意見交換をしながらも、「インサイト&プロポジション」に当たる戦略の核心部分を関係者全員で話し合って合意する、大事な場になっています。実は、インサイトワークショップのような役割を果たす場を、定期的に持っているわけです。

成果を出しているブランド・マネージャーは言います。

「さまざまな部門に、指示を出したからといって、積極的に動いてくれるとは限らない。例えば、開発部のメンバーは、他のブランドも担当している。でも、会で一緒に話し合って決めた私のブランドは、優先して積極的に取り組んでくれる。一緒に話し合って決めたことは『自分ゴト』になるし、ブランドへの愛着が生まれる。ブランドを成功させるために、このオフ会は欠かせない」

これは、まさに、インサイトワークショップを実施する効果そのものです。

消費者との「共創」

消費者と一緒に、商品開発を行うものです。「グループインタビュー」と「商品開発のワークショップ」を一体化した座談会のイメージでしょうか。

消費者に会場に集まってもらい、要望や不満などを話し合いながら、欲しい商品を一緒につくります。ユーザーや愛用者を集めてパネル化する場合もありますし、インターネット上にコミュニティをつくって、意見を収集したり話し合ったりする場合もあります。

消費者と共創するのがいい点は、「消費者の要望・ウォンツ」と「商品づくり」を何度も行き来しながら、詰めていくことができる点です。

一方、工夫が必要になるのは、次のような点になります。

●モノに対する機能的な問題点・不満点など、既に顕在化していて話しやすい要望・ウォンツは抽出しやすいが、心理的なニーズや潜在的なニーズは探りにくい。

●試作品を提示したり使ってもらったりして、製品への評価・改善点を得ることはできるが、「そもそも、どういうものが欲しいか」というアイデアを出してもらうのは難しい。

消費者と「共創」しながらも、インサイトという潜在ニーズを探り出し、プロポジションという提案を考え出すのは、あくまで企業側であることを忘れないようにしましょう。

4 中小企業・ベンチャー企業に有利な部門横断的な取り組み

中小・ベンチャー企業のように、組織が小さいほど、あるいは組織が若いほど、職務範囲が明確になっていないため、ある意味での「越権行為」が行われます。また、それが臨機応変的に求められたりもします。そして、部門間の話し合いも日常的かつカジュアルに行われます。

ＩＴ企業などの新興企業では、部門間の垣根をなくし創造的な活動ができるよう、組織の形態や運用、オフィス環境などが用意されています。座席がフリーアドレスであったり、雑談ができるカフェやバーのようなパブリックスペースがあったり、部門や担当を超えて意見交換がしやすくなっています。

ここまで、「インサイト起点で、製品開発やマーケティング戦略を開発する」方法論をお話ししてきましたが、これらはすべて中小企業で実践できるものばかりです。組織のあり方で言えば、「プロジェクト・チーム」も「ブランド・マネージャー制」もすべて、大企業がいかに中小企業のようなコンパクトな組織をつくるかを模索したものなのです。

そもそも、組織がコンパクトで、部門間の壁が厚くない中小企業のほうが、インサイト起点のマーケティングを実践する上で、圧倒的に有利なのです。

「野球型組織」から、「サッカー型組織」へ

部門間の垣根がない、越権行為が歓迎される組織として、よく「サッカー型組織」という言い方がされます。

今までの日本企業は、各部門の役割が明確な「野球型組織」でした。それぞれ、守備範囲が決まっており、自分の守備範囲に来たボールをしっかり捕れればＯＫで、他のポジションに飛んだボールは捕りに行きません。この組織は、役割が明確で効率が良い反面、柔軟性や自立性に欠けます。

一方、「サッカー型組織」は、それぞれポジションは決まっているものの、全員が連携しながら、ゴールという目標に向かいます。そして、フォワードではなく、ディフェンダーがシュートを決めることもよくあります。サッカーでは、それぞれが自立的に考え、

役割の範囲を超えて、柔軟にゴールを奪うのです。

インサイトから、プロポジション、そして製品開発へ。部門の守備範囲に縛られることなく、柔軟に消費者のニーズをとらえて製品を開発する。開発の人間がインサイトを見つけても、調査部の人間が製品アイデアを出してもいいのです。

大企業でも、海外事業部は、チャンスが大きい

海外事業部の各国の担当者は、国内担当者と異なり、ある種の「事業主」意識を強く持っています。担当している国の事業全体の成功を目指すことになるので、必然的に、部門の枠を超えてさまざまなメンバーの協力を要請することになります。

この観点からも、「インサイト起点のマーケティング」の取り組みを始めるのは、海外市場からがよいのかもしれません。

海外では、導入する必然性が日本よりも高いといえるでしょう。海外では、消費者を知る必要に迫られますし、製品開発やマーケティング活動まで落とし込む必要性も高いからです。

一方、国内は、既得権益的に部門ごとの縄張り意識が強いので、よほどトップマネジメ

ントによる強い組織変革がなされなければ、変われません。

海外から始めて、日本も世界のうちのひとつの市場として、最後に変わるというのが現実的なのかもしれません。

5 インサイトを活用する、先進的な組織

全社員が顧客視点で考え、組織間の垣根なく、モノやサービスを開発している企業の例を挙げてみましょう。

スノーピーク 「自らもユーザーである」という立場で本当に欲しいモノだけつくる

スノーピークは、新潟県燕三条にあるアウトドア用品メーカー。世界に先駆けて、現在のオートキャンプのスタイルを生み出した会社です。

この会社は、自らもユーザーであるという立場で考え、本当に欲しいモノだけをつくってきました。全社員が、アウトドアを楽しむ愛好家であり、スノーピークユーザーなので

す。社員もキャンプを愛し、社長は年間30~60泊もします。つまり、「消費者になりきる」以上に、全社員が「消費者そのもの」というわけです。

さらに、社員が「ユーザーである」ために、さまざまな環境が用意されています。

まず、本社の立地ですが、なんと広大なキャンプ場の中にあります。本社のすぐ前にはキャンプ場が広がっており、いつでもテントを張って、キャンプをすることができます。テントに泊まって、翌朝テントから出社することもできます。

このリアルな使用現場で、「本当に欲しいモノ」をつくり出すことができるのです。

また、イベント等にスタッフとして参加し、直接ユーザーとも接点を持ち、焚き火を前に、とことん語り合う。会話の中で製品についてのさまざまなレビューがあり、真のニーズをつかむ。そして、お互いが感動できるようなモノやサービスをつくる。

まさに、「消費者との共創」が、ここにはあります。

すべての社員の間で、さらには顧客との間で、価値観を共有する仕組みが自然とつくられているのです。

では、今度は、まったく別の観点から組織のあり方を見てみましょう。

インサイトを重視している企業では、全社的に顧客志向が浸透しているだけでなく、インサイトを経営の中枢に据え、インサイトからマーケティング戦略を提言する専門の組織をつくりあげているところがあります。

その実例を、ご紹介しましょう。

日産自動車「マーケット・インテリジェンス（MI）：コーポレート市場情報統括本部」

大手消費財メーカーのほとんどに、何らかの「調査部門」があります。事業部門に対して、基本的な市場・消費者情報を提供したり、事業部のニーズに応じて調査を設計・発注・管理したりする役割を担っています。事業部のメンバーとともに、インサイトを抽出したり、消費者の立場からフィードバックしたりします。

しかし、大半の調査部門は、個別の案件に対する調査や報告にとどまっています。ゲートキーパーとして、新製品やマーケティングプランの可否を判定する役割を担っているケースもありますが、あくまで個別案件に対するものです。

日産自動車の「マーケット・インテリジェンス部門（ＭＩ）」は、個別案件への提言に加えて、経営への提言も行う、専門組織です。

蓄積されたインサイトや知見をもとに、経営会議で、事業分野への提言を行います。

さらに、将来への予兆をもとに、会社が全社的に取り組むべき戦略への提言を行っています。これは、会社の中期経営計画などに反映されます。

また、インサイトをとらえた新規事業提案の場合は、事業コンセプトの立案だけにとどまらず、ビジネスモデルも構築し事業化のメドを立てた上で、事業部に引き継ぐことを目指しています。

このMIは、ルノーと提携した後に、カルロス・ゴーン氏の強力なリーダーシップのもとに設立されました。

では、恒常的にインサイト起点のマーケティングのイニシアティブをとっていくのは、誰が良いでしょうか?

既存事業の成長を目的とした案件は、事業部の担当責任者やブランド・マネージャーがリーダーシップをとる。結果責任を負う人間が、さまざまな部門を巻き込みながらインサイトを活用すべきだと考えます。

一方、会社全体の戦略を提言したり、既存事業の枠組みを超えた新規事業などを提言したりするのは、ＭＩのような「インサイトを蓄積し、戦略提案能力を持つ、プロフェッショナルな組織」がふさわしいと考えます。

6

マルイ「ラクチンきれいシューズ」

――消費者との「共創」事例――

消費者との「共創」によって、ニーズをとらえたモノづくりを行い、ヒット商品となったマルイのPB「ラクチンきれいシューズ」。丸井グループは、「共創」の取り組みを、商品づくりから店舗づくりやネット通販などさまざまな領域での成功に拡げ、経営レベルで「共創」を実践しています。その取り組みを、見ていくことにしましょう。

ファッションは、消費者と向き合ってきたか？

マルイは、バブル期のDCブランド・ブームをとらえて、「ヤング・ファッション・赤いカード」で業界をリードした百貨店です。しかし、バブル崩壊以降、ファッション（アパレル）市場は、縮小していきます。若い世代のファッションに対する意識や態度が、どんどん変わっていきました。

若い世代ほど、ファッションを「自分のスタイルや個性を表現するモノ」とは思っていません。「服で差をつける」ことより、「変に目立ってまわりから浮いてしまう」ことを怖れています。そのため、主張の強い個性的な服装より、肩に力が入っていない「普通にオシャレ」な服装のほうを選ぶ傾向にあります。

花火の日にみんなで浴衣を着るなど、イベントでは仲間との一体感や場の盛り上がりを楽しむことはあっても、日常的に着る服はきわめて普通。着ていて気持ちがよい、自分にとっての快適さが、とても大切なポイントです。


しかし、ファッション業界は、トレンドをつくり出し、それを消費者に押し付ける売り手志向だったのではないか。ファッションはマルイも含めて、消費者としっかり向き合ってきたと言えるのだろうか。

何がカッコイイ、カワイイといったトレンドづくりに注力するあまり、身につける「心地よさ」がおろそかになってきたのではないか。その最たるものが女性用のシューズではないか。　そこから、消費者との「共創」によるシューズづくりの取り組みが始まったのです。

消費者との「共創」：「ラクチンきれいシューズ」のヒット

消費者と向き合うために、マルイは、何を行ってきたのでしょうか。

まず、行ったのは、靴の悩みを調査するウェブアンケート。幅広いニーズを探るため、年齢を狭めずに、２０００名の女性に調査をしました。その結果、90％の女性が、「履き心地」に不満を持っていることがわかりました。いったい、それは具体的にどのような不満なのか、その原因は何かを探る必要があります。

消費者と向き合い、本当に欲しいシューズを「共創」する上で、マルイが最も大切にしてきた活動が、「お客さま企画会議」。消費者の持つ不満やニーズを話し合い、新しいシューズの商品開発を行う。まさに「お客さまと一緒につくる」会議です。

その企画会議の中で、女性用パンプスの「履き心地への不満」として、「つま先が痛くなる」「かかとが脱げる」という2点が抽出されました。女性の足を測り直したところ、従来の木型が足に合っていないことがわかり、マルイは足に合った新たな木型を独自に開発したのです。

図19 マルイ「ラクチンきれいシューズ」

5,990円（2017年10月）

（マルイウェブチャネル掲載）

その後、サンプル品を作成して、消費者モニターに試し履きをしてもらいます。「履き心地」と「見た目」の感想を丁寧に聞き、本当のニーズを見極めることが重要です。そして、消費者モニター全員が100点満点で80点以上をつけた試作品だけを商品化します。そのため、合格点をもらえるまで、何度も改良と試し履きを繰り返すことになります。

そして、出来上がった「ラクチンきれいシューズ」（**図19参照**）は、「おしゃれ」「履き心地」「値ごろ」の3大ニーズを満たした商品となったのです。

消費者との共創の仕組みが出来上がったことで、2010年発売のパンプスから始まって、サンダル、ブーツ、カジュアルシューズなどにも、取り組みを拡大。2017年6月末までに累計販売数370万足を突破したヒット商品になったのです。


この取り組みの中で、いくつか重要なポイントがあります。

ひとつは、部門の壁を超えた取り組みをしたことです。

「お客さま企画会議」では、商品開発のほか、品質管理、マーケティング、外部の木型職人、売り場スタッフなどが集まって、全員で消費者に向き合いました。

大企業になればなるほど、部門間の壁ができがちで、調査結果や発見された貴重なインサイトが商品開発などに活用されないケースが多く見られるというお話をしましたが、マルイでは部門横断的に取り組むことで商品開発に成功しています。

また、マルイの場合、商品を企画した部門が、企画だけで終わるのではなく、最終的な商品化まで面倒を見ることで、この問題を乗り越えています。多くの企業では、インサイトを発見した部門・企画部門から、開発部門や事業部門に引き継がれるとき、部門間にボールが落ちてしまいがちです。それに対し、企画部門が最後まで面倒を見て結果まで出す（結果責任を持つ）ということであれば、部門間の引き継ぎ問題は解消されるでしょう。マルイのケースは、守備範囲や役割を超えて動く、「サッカー型」の動き方が成功をもたらした好例ではないでしょうか。

もうひとつは、「仕組み化」は大事にしながらも、「手法化」して本質を見失わないようにしたことです。

消費者との共創を「仕組み化」したことで、パンプスからさまざまなシューズの開発に取り組みを拡大していくことができました。ただし、「仕組み化」された取り組みは、いつの間にか「手法化」してしまうリスクを背負います。マルイでも、「共創」という手法だけに頼って、消費者のニーズを表面的にわかったつもりになってしまい、本当のニーズにたどり着けないケースが出てきたといいます。

消費者との共創は、消費者の真のニーズを見つけ出し、それに応える商品を開発するという「目的」を、いつも肝に銘じておく必要があるという実例ではないでしょうか。

マルイの店舗がない商圏外での「体験ストア」

消費者との共創で生み出した「ラクチンきれいシューズ」という強い商品をテコに、マルイの店舗がない商圏外の人々を取り込めないだろうか。

「マルイウェブチャネル」は、マルイのウェブ通販。商圏外の人々にアプローチする上で非常に有効な接点です。しかし、マルイの店舗がない地域の人々にとっては、マルイは馴染みがほとんどありません。また、シューズを買うとなると「試せないから着用感がわからない」「素材やサイズがわかりにくい」といった抵抗感があります。

そこで、マルイは、商圏外に「体験ストア」という、リアル店舗とウェブ通販を融合した新たな取り組みを始めました。

「体験ストア」では、試着用のサンプルだけを陳列し、消費者（買物客）に自由に試してもらいます。「体験」の部分だけに特化した、短期的なイベント出店です。シューズの在庫は置いていないため、購入する場合は、店頭の専用タブレット端末からマルイウェブチャネル（ウェブ通販）で注文。商品は自宅へ無料配送されるという仕組みです。

この「体験ストア」は、商品の在庫や決済用のレジが必要なく、イオンなどのショッピングモールや地下街などのスペースを利用してイベント出店できるため、低コスト・低リスクで展開できるというメリットがあります。

そして、忘れてはならない最も大事なポイントは、買物客にとってメリットがあることです。買物客は、今まで接点がなかったマルイのラクチンきれいシューズという商品に触れることができ、シューズのサイズや着用感を試してから安心して買えるというメリットがあります。

この取り組みの結果、「体験ストア」で、ラクチンきれいシューズを購入した消費者の70％がウェブ通販会員に登録し、40％がクレジットカードの「エポスカード」に申し込むという相乗効果も出ています。

このようにして、マルイは、「リアル店舗の体験ストア」と「ウェブ通販のマルイウェブチャネル」を融合した、独自のオムニチャネルを構築しました。単にリアルとネットにチャネルを拡大するのではなく、消費者（買物客）に対して、どういうメリットを提供できるかが重要なのです。

「共創」の取り組みを、店舗づくりに拡大：博多マルイ

消費者との「共創」の取り組みの大きな成果に、2016年4月に開店した「博多マルイ」があります。

2014年から約2年間にわたって、「お客さま企画会議」を600回以上行い、またコミュニティサイトでのべ1万5000人もの人々に参加してもらい、一緒にお店づくりを行いました。店名をはじめ、店づくりのポイントやコンセプトの設定、フロア構成から品揃え、モノづくりやエポスカードのデザイン、接客サービスにいたるまで、話し合い、共に創ってきたのです。

お客さまが理想とする「毎日立ち寄れるお店が良い」「居心地のよい空間が欲しい」「買物以外でも楽しみたい」という声をもとに決定された、お店のコンセプトは「自分にピッタリが見つかるお店」です。

また、売り場の構成についても「共創」が意識されています。アパレルへの要望が少ないことから、従来は売り場の6割を占めていたアパレルを3割に減らし、代わりに飲食や雑貨などのライフスタイルカテゴリーの売り場を7割に。マルイ史上初の共創によるライフスタイル型次世代店舗が誕生したのです。

消費者のニーズをとらえて共創したお店は、大きな支持を得ます。

また、共創の取り組みは、博多マルイのファンを生み出す意味でも、非常に効果的です。企画会議をはじめ、共創に参加した人々がマルイのファンになり、アンバサダー（大使）となって、まわりの人にマルイを推奨しお店に連れてきてくれるのです。

博多マルイの開店後の来店客数は1ヶ月間で220万人を超え、お買上客数とともに好調。新規のカード会員数は、開店時の歴代最高を記録しました。

消費者との「共創」は、ラクチンきれいシューズの商品づくりだけでなく、店舗づくりの取り組みにも活用され、大きな成果を生み出したのです。

「共創」経営という、経営レベルでの全社的な取り組みへ

丸井グループでは、2015年度から、「共創経営レポート」を発行しています。

「お客さまの『しあわせ』を共に創る」――経営トップの強いコミットメントのもと、すべての事業プロセスにお客さま視点を取り入れ、お客さまの「しあわせ」を共に創る。この「共創」の取り組みを、小売事業における店づくりやモノづくり、さらにはフィンテック事業におけるカードサービスの開発にいたるまで、全社的に導入しています。

インサイトを全社的に導入するためには、まず成功事例をつくることが重要というお話をしました。社内で成功を共有できるわかりやすい事例があると、さまざまな事業部門に拡大していくことが容易になります。

丸井グループは、以前から「消費者との共創」に取り組んできましたが、ラクチンきれいシューズというわかりやすい成功事例があり、店づくりやオムニチャネルなど様々な領域で成功事例を重ねていくことで、「共創経営」という全社的な取り組みをさらに浸透させていったのです。

第4章 まとめ

●ニーズをとらえた製品を開発するためには、製品開発部門を含めた、全社的な取り組みが必要。マーケティングは、販売・広告・調査など一部の部門が担うものではなく、全社で取り組むもの。

●インサイト起点のマーケティングを全社に導入するためには、わかりやすい自社の取り組み成功事例が必要。社内広報と組み合わせながら、浸透・定着させていく。

●大企業ほど、インサイトの抽出とマーケティングの実行を切り離さないよう、機能別組織間の壁をなくす仕組みが必要。消費者との共創やブランド・マネージャー制などがある。全社的な取り組みでなくても、トップ直轄の部門横断的なプロジェクト・チームから始めることができる。

●中小・ベンチャー企業のほうが、組織がコンパクトで、部門間の壁も厚くないため、インサイト起点のマーケティングを実践する上で有利。

●インサイトを経営の中枢に据え、インサイトからマーケティング戦略を提言する専門組織をつくりあげている企業もある。

第5章

製品を超えた「ブランド」戦略を持つ

1 日本企業は、なぜブランド構築がおろそかだったのか？

第4章まで、消費者のニーズをとらえた「製品」を開発しましょう、というお話をしてきました。しかし、消費者ニーズを満たす機能を持った製品さえあれば、継続的な成功を収められるのでしょうか？

いいえ。機能は、遅かれ早かれ競合にマネをされてしまいます。機能だけで優位にたっている製品は、競合にキャッチアップされると、消費者からは違いがわからなくなります。また、機能だけでは、ある「製品」が売れたとしても、単発のヒットで終わる危険性があります。

日本でも海外でも、継続して成功するためには、「製品」の機能だけではない、情緒的な絆を持った「ブランド」をつくることが欠かせません。

グローバル企業は、ブランドを非常に大切にします。ブランドは、企業にとっての大切な資産と考えます。それは、長期的に利益を生み出す源泉ととらえているからです。

しかし、日本企業は、ブランドをあまり重視してきませんでした。

ブランドが大切なことを頭では理解していても、ブランドでモノが売れるとは思ってきませんでした。モノを売るのに、情緒的な価値は本当に必要なのだろうか、という疑問を持ち続けてきました。

それは、日本国内ではずっと「ブランド」よりも「新製品」が売りをつくってきたからではないでしょうか。まず、「新製品」は、流通の棚をおさえる最も効果的な手段でした。

そして、日本の消費者は、「新製品」の信奉者でした。新しい製品ほど、機能的・性能的に優れていて、イメージ的にもかっこいい。新製品であることが、商品を選ぶときの最も重要な基準になってきました。こういう市場の中では、ブランドを育てるより、新製品を次々に出したほうが成果を出しやすいでしょう。

市場の変化が、ブランド重視を生む

ところが、最近の若い世代は、「新しい」ことよりも「失敗しない、外さない」ことを重視するようになってきました。バブル時代を経験していない、物心ついたときから、ずっと右肩下がりの日本を見てきた世代です。彼ら、彼女らは、当たりはずれのリスクがある新製品よりも、定番ブランドのほうが安心だと言います。「昔からあるブランドは、長い間、たくさんの人々から評価されてきたものだから間違いがない」とリスペクトします。親が使っていたから古くさいとか、昔のものだから自分たち向けではない、といった見方をしないのです。

また、流通が力を持ち、あらゆるカテゴリーでＰＢ商品が並ぶようになりました。コンビニなど棚が限られている店舗では、トップブランドの商品とＰＢ商品の2種類しか置いていない商品カテゴリーも多くなりました。さらに、トップシェアであっても、ＰＢより高い値段を払う価値を感じさせるブランドでなければ、その商品カテゴリーはＰＢだけ置いておけば十分ということになってしまいます。

このように市場が変化してきたことで、日本企業でも「ブランド」が大事なのではないかという機運が高まってきました。ブランドを育成し、ブランドをテコにして事業を拡大しようという機運です。

ブランドへの誤解と問題点

その一方で、多くの日本企業では、ブランドに対する誤解が、根強く残っています。また、今まで、ブランド育成や活用についての知見やノウハウを蓄積してこなかったために、さまざまな問題に直面しています。

●ブランドは、製品に付加されるイメージ程度のものととらえている。製品が核にあって、ブランドはおまけのようなもの。企業の大切な資産という認識がない。
●イメージ程度のものであれば、人任せでもよいのではないか。自分たちは「製品」さえつくれば、あとは広告代理店が広告などでイメージ付けしてくれる。
●海外では、現地法人の販社や販売代理店に販売をすべて任せている。本社は「製品」をつくり、「ブランド」構築は、現地任せ。本社がブランド管理をする必要性そのものを感じない。

●どんなブランドと思われたいかという、目標（パーセプション・ゴール）がない。そのために、どんなブランド価値を提供すれば成功するかという戦略がない。

●目標や戦略がないので、訴求するブランドイメージがコロコロ変わる。ブランドの担当者が変わったり、広告代理店が変わったりするたびにイメージが変わるのは日常茶飯事。イメージが蓄積されないので、ブランドの資産価値が上がらないが、社内的に問題にならない。

●仮に、ブランド目標を定めよう、ブランドイメージに一貫性や継続性を持たせようとしても、それを明文化し組織的に共有する仕組みやフレームワークがない。（あっても、社内で大切に扱われていないので機能していない）

ブランドを育成し、事業を拡大するカギは何か？

では、ブランドを育てるのが得意と言われているグローバル企業は、日本の企業と何が違うのでしょうか？　どういう考え方や仕組みを持っているのか、見ていきましょう。

大きくは、次の2点に集約されるのではないでしょうか。

①ブランドは、利益の源泉であり、自分たちが育てマネジメントする大切な資産という意識を、トップから現場まで全社員が共有していること。

②消費者の心の中に、どういう「イメージ連想」をつくり上げるかというブランドのゴール（目標）を設定していること。既存ブランドでも、ブランドの価値をきちんと定義していること。そして、それを組織で共有し、継続する仕組みを持っていること。

これを実現するために、グローバル企業では、その企業独自のブランド設計・定義ツール（フレームワーク）を持っており、それを大切に運用しています。

2 ブランド設計図が、欠かせない

世界には、さまざまなブランド設計・定義ツールがありますが、ここでは、筆者が開発し、実務で活用している「ブランドフルーツ®」というフレームワークを紹介したいと思います。**（図20参照）**

このブランドフルーツは、ブランドを設計したり定義したりする上で欠かせない要素だけに絞り込んでいます。シンプルなため、実際のブランディング活動に落とし込みやすく、その一方で定義すべき要素は網羅しています。

「インサイト&プロポジション」を核とした、フレームワーク

最大の特徴は、「キーインサイト」と「ブランド・プロポジション」の2点を核にして

図20　ブランドフルーツ

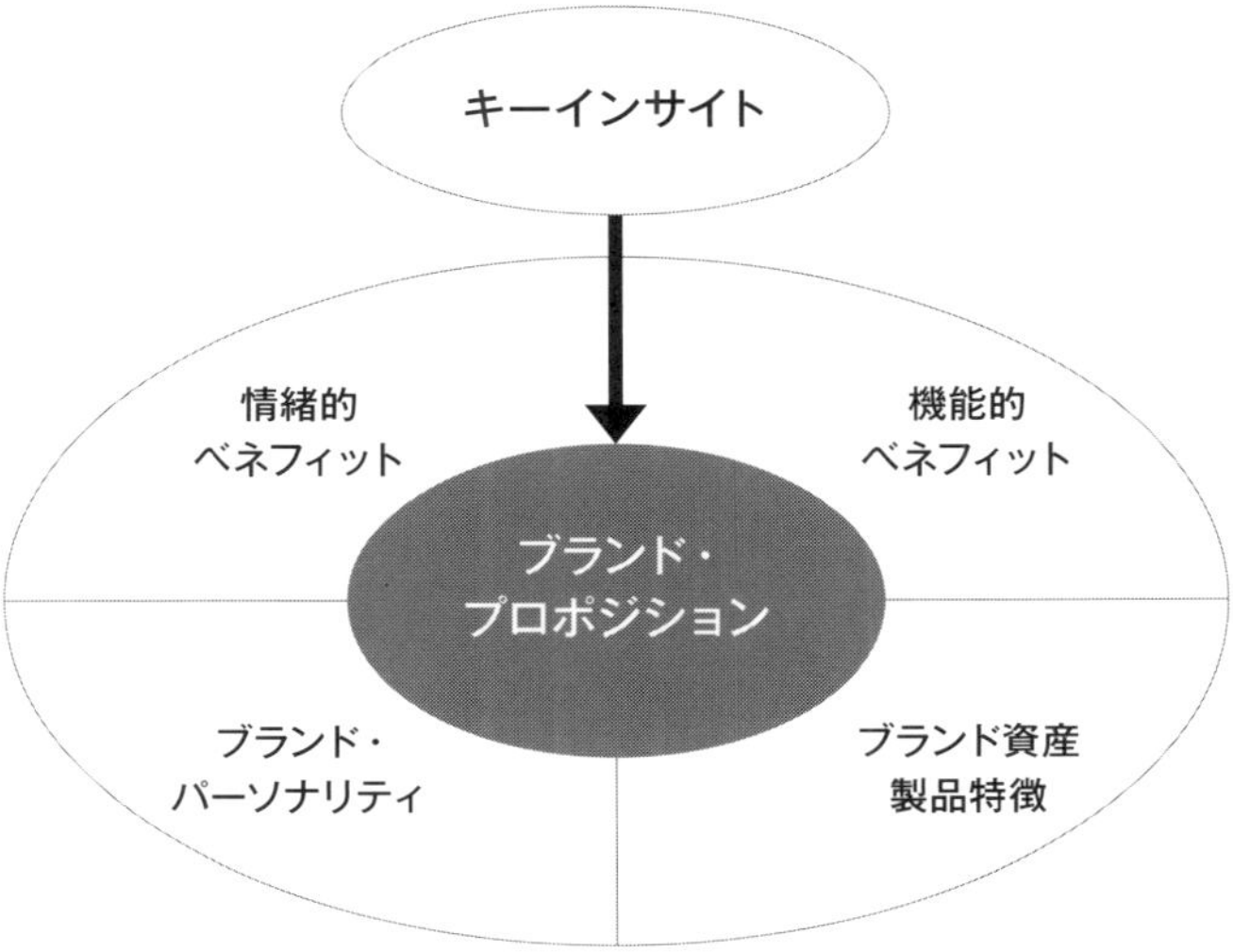

ブランドを定義し、関係者の解釈のブレをなくしていることです。つまり、このブランドは、そもそも消費者のどういう気持ち（キーインサイト）をとらえているかを定義することで、ブランド・プロポジションが提案している意味合いを明確にします。（ブランド・プロポジションだけで、ブランドの核となる価値を定義すると、その意味合いがさまざまに解釈され、次第にブレていってしまいます）

各要素の相互の関係性は、以下のようになります。

●ブランドの核となる提案は、

「ブランド・プロポジション」です。このブランド・プロポジションは、消費者のそもそものニーズである「キーインサイト（特に、ヒューマンインサイト）」に応えるものです。

●ブランド・プロポジションの持つ意味合いを、要素分解して補足しているのが、「ブランド資産／製品特徴」「機能的ベネフィット」「情緒的ベネフィット」「ブランド・パーソナリティ」の4要素です。これら4要素は、それぞれ「ブランド・プロポジション」と密接につながるように設計、定義します。

●4要素も、バリューラダリング（価値のはしご）的につながっています。「ブランド資産／製品特徴」が「機能的ベネフィット」をもたらし、それが「情緒的ベネフィット」をもたらします。そして、ブランドにどのような人格を持たせるかを「ブランド・パーソナリティ」で定義します。

しかし、バリューラダリングだけでブランドを定義すると（例えばブランド・ピラミッドを使うと）、非常にありきたりなブランド設計になってしまいがちです。そのため、ユニークで強い「キーインサイト」と、独自性があり際立った「ブランド・プロポジション」をまず開発してから、全体（4要素）の設計・定義付けを行うのがお勧めです。

「ブランドフルーツ」：ブランドを設計・定義する各要素

各要素の意味合いを整理しておきましょう。

●キーインサイト……消費者のそもそものニーズ。ブランド設計・定義では、特に、情緒的なニーズであるヒューマンインサイトから抽出することが多い。

●ブランド・プロポジション……ブランドからの消費者への提案。キーインサイトをとらえていること。市場で際立ったブランドになるためには、このブランド・プロポジションがユニークで強いものであることが欠かせない。

●ブランド資産／製品特徴……ブランド・プロポジションの根拠となる製品の特徴。また、ブランドの表現上の資産（ブランドを連想させる要素）を明確にする。

●機能的ベネフィット……ブランド・プロポジションは、機能的にはどのようなベネフィットを提供するか。

●情緒的ベネフィット……ブランド・プロポジションは、情緒的にはどのようなベネフィットを提供するか。

●ブランド・パーソナリティ……ブランド・プロポジションは、ブランドを擬人化したとき、どのような性格を際立たせるか。人の性格を表すときの形容詞を使って定義する。場合によっては、言葉だけでなく、ビジュアルでも定義する。

実際にブランドをどのように設計・定義するかについては、後ほど事例を使って、ご紹介したいと思います。

ブランドは、経営者や担当者より「長生き」

ブランドは、消費者の情緒的なニーズを満たし、消費者に「好き」という感情的な絆をつくる重要なものです。製品は、機能の進化とともに変わっていっても、ブランドは継続するストックとなる資産です。消費者の心の中にイメージを蓄積していくためにも、一貫したブランドイメージが必要なのです。

そのため、グローバル企業では、いったん「ブランド設計・定義」が決まったら、経営トップを含め、誰もが敬意をもって守ります。経営者でさえ、自分の考えや好みではコロコロ変えられないようになっているのです。そして、担当者が変わっても、経営者が変わっても、ブランドが一貫性を保てるよう、「ブランド設計・定義」のフレームワークを使って明文化しているわけです。この背景には、経営トップよりブランドのほうが、寿命が長い、経営者が変わっても、ブランドは変わらずに生き続けるという考え方があるのです。

買収した海外企業から、メソッドを学ぶ

海外市場に進出するにあたり、海外の企業をM&Aで手に入れるケースが増えています。海外の企業を傘下におさめることで、直接的な売上・利益が得られるほか、その企業が持っている有力ブランドが手に入る、販路が手に入るなどのメリットがあります。しかし、予期していなかったメリットに、「ブランド構築やマーケティング戦略開発についてのメソッド」が手に入る点が挙げられるのではないでしょうか。

各国の市場で一定以上のポジションを占めている有力企業であれば、たいてい、グローバルで通用するメソッドを持っています。多くの日本企業は、自分たちが持っていないそうしたメソッドが確立されていることに驚きますが、謙虚に学びます。そのまま取り入れることもあれば、これをきっかけにして、日本本社の企業文化と融合させた独自のメソッドをつくる場合もあります。

いずれにしても、海外企業の買収をきっかけに、海外市場に進出し統括していくためには、何らかの戦略開発メソッドが必要であると、痛感することが多いようです。日本企業にとって、グローバルで通用する戦略メソッドを構築すること、そして、それを運用できる人材を育成することが急務です。

3 日本企業も、ブランドで事業を拡大する時代へ

グローバル企業が得意としているブランド戦略のひとつに、ブランド拡張があります。「強いブランド」の価値をテコにして、さまざまな商品カテゴリーに参入し市場を開拓していくのです。

例えば、ユニリーバに「ラックス」というブランドがあります。もともとグローバルでは、「石鹸」のブランドですが、日本では「ヘアケア（シャンプーなど）」カテゴリーにブランド拡張して参入し、長年シェアＮＯ．１の地位を築いています。

また、「ダヴ」というブランドは、日本では「洗顔料」から入り、「うるおい」というブランド資産を築いたあと、「ボディウォッシュ」に拡張しました。

ブランド導入前からその後のブランド拡張が戦略として策定されているため、「洗顔料」

から導入したのです。つまり、洗顔料が最もうるおいを感じやすく、洗顔料を使って良ければ「ボディ用」も使ってもらえる可能性があります。しかし、逆は難しいでしょう。ボディソープが良くても、よりデリケートな顔に使いたいとは思わないためです。

その後、ダヴは「うるおい」というブランド資産をテコにして、「ヘアケア」カテゴリーにブランドを拡張。さらに、男性市場を開拓するためのサブブランドを導入するなど、ブランド拡張をし続けています。ブランドを軸に事業を拡大するとは、まさにこういうことをいうのです。

あるグローバル企業のマネジメントが、ソニーのVAIOブランドについて、このように語ったことがあります。ソニーがPC事業を売却するニュースが出ていたころです。

「VAIOは、強いブランド。特に、欧州では今でもカッコいい、クールなブランドとして認識されている。PC事業の売却とともに、なぜVAIOブランドも売ってしまうのだろうか？　PCはコモディティ化が進んだので売却するのはわかるが、ブランドは別だ。VAIOは、なぜPCという停滞した製品カテゴリーにとどまっているのか？　なぜ、VAIOのスマホを出すなど、有望カテゴリーへブランド拡張しないのか？」と。

ブランドを軸に考えれば、強いブランドはカテゴリーを超えていきます。スマホには別ブランドがあるからカニバリ（共食い）を起こす、といった社内事情よりもブランドの成長のほうを優先するのです。（ＶＡＩＯは別会社になり、コーポレートブランドになってはじめて、ＰＣ以外の製品カテゴリーへのブランド拡張が議論されるようになりました）

このように、日本企業はグローバル展開をしていても、製品やカテゴリーが軸になりがちです。ブランドが製品に紐付けられ、カテゴリーに縛られていては、事業拡大への貢献度が限られたものになってしまいます。

しかし、近年は日本企業でも、ブランド拡張による事業の拡大が見られるようになってきました。ブランドの強みをテコに、新しい市場を開拓しようという試みです。

ブランド拡張を成功させるためには、まず、そのブランドの本質的な価値がわかっていなければなりません。自社ブランドとはいえ、これがわかっていないと、どの方向にブランド拡張したらよいかが見えませんし、拡張先のカテゴリーでブランドの価値をどう活かせばよいかもわかりません。結果、拡張先の製品が売れず、ブランドのもともとの価値もあいまいにして弱体化させてしまいます。

「カップヌードル」のブランド拡張

日清食品は、近年、新しいブランドを立ち上げるより、「カップヌードル」のブランド力をテコにして、新しい市場を開拓しようとしています。

例えば、カップライス市場の創造を目指した「カップヌードルごはん」や「カップヌードル ぶっこみ飯」があります。日清食品は、これまでにも、１９７５年発売の「カップライス」、２００９年発売の「GoFan」と何度かカップライスにチャレンジしていますが、新ブランドではなかなか定着しませんでした。

しかし、２０１０年発売の「カップヌードルごはん」では、カップヌードルのブランド力をテコにすることでヒット商品になりました。これを実現できた組織的な背景として、日清食品はブランド・マネージャー（ＢＭ）制をとっていることが挙げられます。また、社内であっても、カップヌードルのＢＭからブランドの使用許可を取りブランド使用料を支払うことで、ブランドを活用することができる仕組みが整っているのです。

別の例では、女性市場の開拓を目指した「カップヌードル ライトプラス」があります。カップ麺カテゴリー全体が、男性ユーザー中心の市場であるため、このブランド拡張によって、新しく女性ユーザーを開拓しようというものです。製品的には、「ラタトゥイユ」と「バーニャカウダ」という女性に人気のメニュー2品を揃え、女性がカップ麺を避けるカロリーと脂質を抑え、食物繊維をプラスしています。

一方、「カップヌードル リッチ」では、シニア市場とプレミアム市場の開拓を同時に狙ってブランド拡張をしています。健康で元気なシニアが、実際に食べているのは肉やこってりした味のものが多く、美味しさを重視するという発見から、「贅沢とろみフカヒレスープ味」（50円アップの高価格設定）などの製品を導入し、成功させています。

「RIZAP（ライザップ）」のブランド拡張

ライザップは、トレーニングジムで、肉体改造（ダイエットなどのボディメイク）の「結果にコミットする」というブランド資産をつくりあげました。そして、その資産をテコに結果にコミットする対象を「ゴルフ」から「英語」「料理」へと広げるかたちで、ブランド拡張を進めています。

トレーニングジムやフィットネスクラブといった、業界くくり的な分類でブランドを定義するのではなく、「結果にコミットする」というブランド・コンセプトを核にしているので、「英会話」や「料理教室」といった異なる業界（カテゴリー）に拡張していけるのです。

一方、ほとんどのトレーニングジムやフィットネスクラブは、その業界（カテゴリー）でブランディングをしているため、運動、スポーツの領域でしか強みを発揮できません。拡大したとしても、ジムという施設の中で「ゴルフ」や「スキューバダイビング」などのメニューを追加する程度にとどまります。

ライザップは、今後もさまざまなカテゴリーにブランド拡張していくでしょう。

「時間がかかる割には、成果が出ない」と人々が思っていること、「お金がかかってもいいから、目標を達成したい」と思っていることに、どんどん拡張していくことができます。英語などは、まさに「英会話スクールに通って、本当に話せるようになるの？」と疑心暗鬼。話せるようになるという結果にコミットしてくれるなら、高額でもお金を出す、そういう顧客をしっかり取り込めそうです。

また、ライザップは、「トレーナー」でも強いブランド資産をつくれる可能性があります。顧客に目標を達成させるためには、トレーナーは、トレーニングのスキルが高いだけではなく、顧客に続けさせるカウンセラーのようなコミュニケーションスキルが必要になります。顧客をワクワクさせ、どうやり切らせるか。独自のトレーナー教育によって、ライザップにしかいないトレーナーを育成することで、他社には真似ができないブランドになっていきます。

ライザップは、「結果にコミットする」ことから逸脱しない限り、ブランドをテコにして事業を拡大していくお手本のようなブランドになっていくことでしょう。

4

——ブランド事例——

伊勢半「ヒロインメイク」

ブランド構築やブランド拡張というと、マス広告を大量に投下するような大企業にしかできないという印象があるかもしれませんが、けっしてそんなことはありません。ここでは、あえてトップシェアの大企業ではない、中堅企業のブランディング事例を紹介しましょう。

「伊勢半」という化粧品メーカーがあります。業界を代表する老舗企業ですが、企業規模や知名度が飛び抜けて高いわけではありません。その伊勢半の主力ブランドに、「ヒロインメイク」というブランドがあります。２００５年に市場導入されたブランドで、中心となる製品は、マスカラです。（図21参照）

図21　ヒロインメイクの歴史

年	マスカラ製品
2005年	ヒロインメイク発売
2014年（2月）	「スーパーWPマスカラ」発売（ウォータープルーフの耐久性をさらに強化したマスカラ）
2014年（8月）	「スーパーフィルム マスカラ」発売（フィルムタイプの、お湯落ちマスカラ）
2016年	「第3のマスカラ」発売（耐久性と簡単オフを両立したマスカラ）

化粧品には、カウンターで美容部員に相談しながら購入するものと、ドラッグストアなどの棚に置かれていて消費者が自分で選んで購入する「セルフ」と呼ばれる商品があります。

ヒロインメイクは、セルフ市場のブランド。激戦区のマスカラで、隣の棚に競合が並んでいる環境の中で健闘しているブランドです。

しかし、ヒロインメイクは、2013年当時、苦境に立たされたことがありました。一部のドラッグストアでの価格競争に巻き込まれたために、他の流通でも値引きやおまけ付きのセット商品（実質値引き）がなければ売れないという悪循環に陥ったのです。

そして、マスカラの新製品を発売するにあたり、社内で「価格を維持するためには、ヒロインメイ

図22　伊勢半「ヒロインメイク」

2013年当時の商品（マスカラ）

ブランド・キャラクター

ブランドの世界観の設定

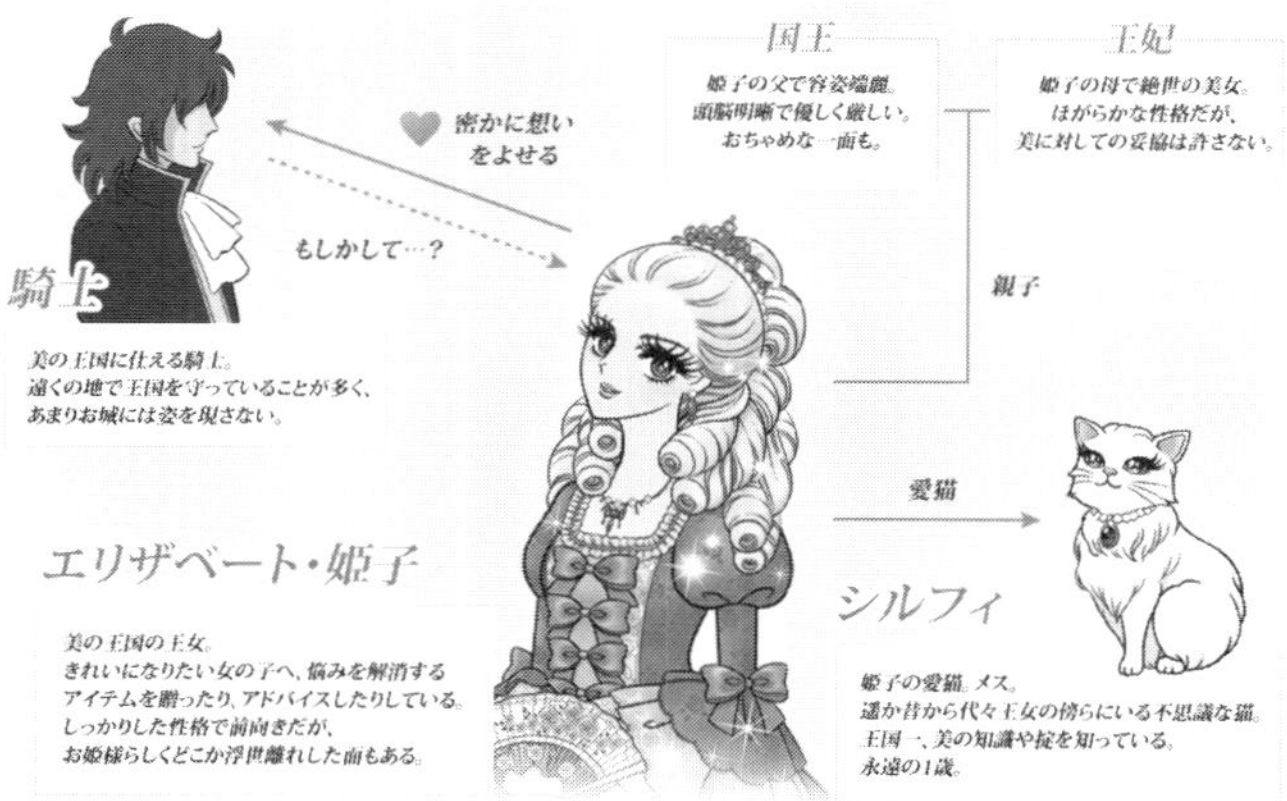

ク・ブランドからではなく、新ブランドもしくは他ブランドから出したほうが良いのではないか」という意見もあったといいます。主力ブランドである、ヒロインメイクの再生が大きな課題となったのです。（図22参照）

ヒロインメイクのブランド価値は何か？

ブランドを再生するにあたって、まず何をしなくてはならないでしょうか。

それは、ブランドの価値は何かを見極めることです。前出のブランドフルーツを使って、ヒロインメイクのブランド価値を整理してみましょう。（図23参照）

次に、以下のような観点から、ブランドが持つポテンシャルと問題点を見ていきます。

ブランドがとらえている消費者ニーズ（ヒューマンインサイト）は、何か？　それは、明確で、かつ今も強いものか？

ヒロインメイクがとらえているヒューマンインサイトは、お姫様になりたいというプリンセス願望。時代が変わっても、また女性であれば世代を超えて存在する普遍性のある

図23 「ヒロインメイク」のブランド価値

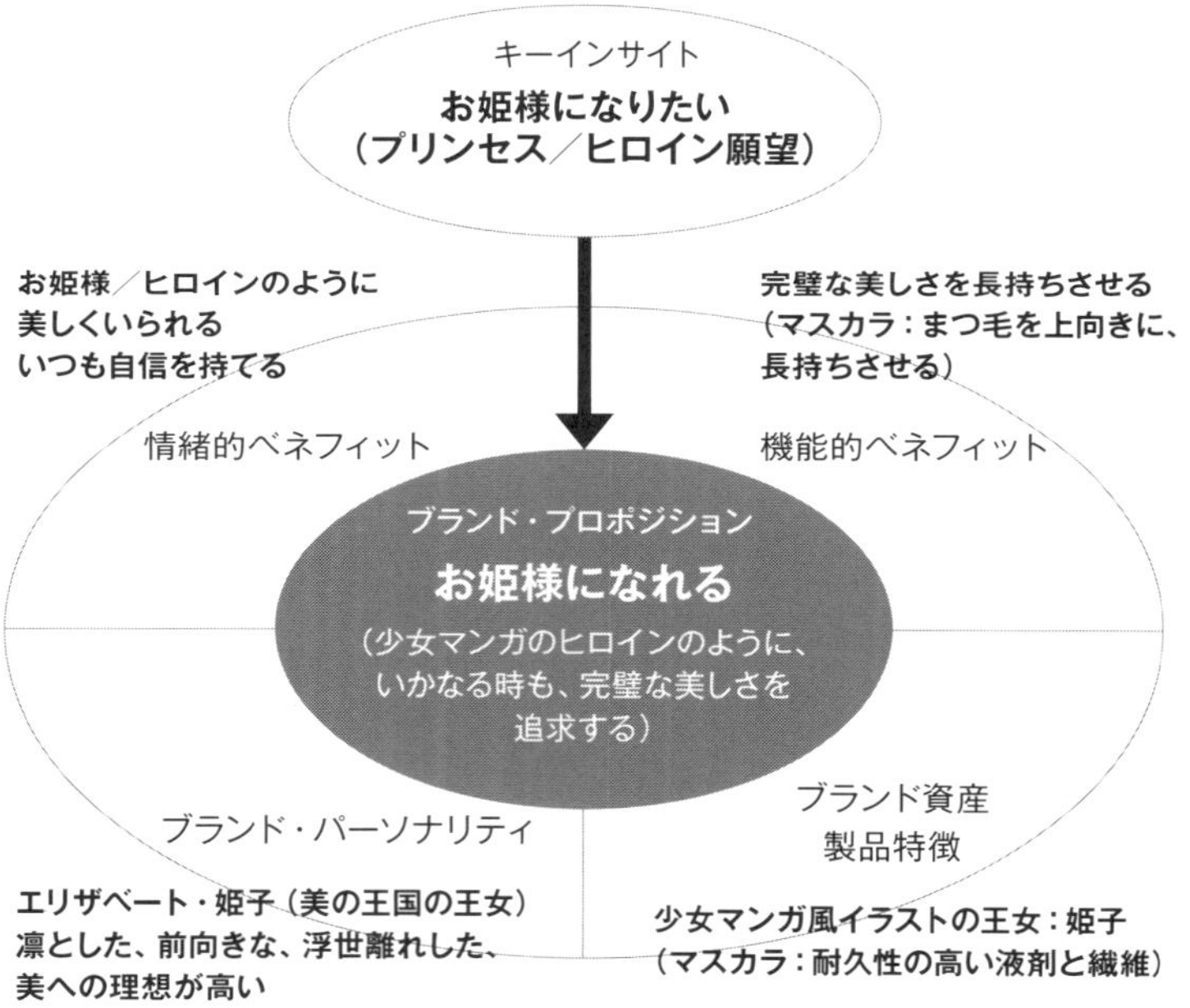
キーインサイト
お姫様になりたい
(プリンセス／ヒロイン願望)
お姫様／ヒロインのように
美しくいられる
いつも自信を持てる
完璧な美しさを長持ちさせる
(マスカラ：まつ毛を上向きに、
長持ちさせる)
情緒的ベネフィット
機能的ベネフィット
ブランド・プロポジション
お姫様になれる
(少女マンガのヒロインのように、
いかなる時も、完璧な美しさを
追求する)
ブランド・パーソナリティ
ブランド資産
製品特徴
エリザベート・姫子（美の王国の王女）
凛とした、前向きな、浮世離れした、
美への理想が高い
少女マンガ風イラストの王女：姫子
(マスカラ：耐久性の高い液剤と繊維)

ニーズです。

ブランド・プロポジションは、インサイトをとらえるユニークで強い提案になっているか？

ヒロインメイクのブランド・プロポジションは、プリンセス願望をダイレクトにとらえており、かつ競合にはない独自の提案になっています。（少女マンガや少女アニメをパッケージにあしらった後発商品が追随してきましたが、ヒロインメイクが先行ブランドです。逆に言えば、追随商品が出てくるぐらい、お姫様には強い提案性があると言えます）

ブランド資産は何かあるか？　それは、強くて、今後も活用できそうか？

少女マンガ風イラストのお姫様（エリザベート・姫子という名前の王女）は、非常に強いブランドの表現上の資産です。ブランド・プロポジションを端的に表現しており、ブランドのシンボル、アイコンとなっています。

そして、パッケージ上での視認性が高く、マス広告などのコミュニケーション・サポートがなくても、店頭でブランドを構築できる強さがあります。

また、非常に少女マンガっぽく描かれたお姫様は、ある意味、とても日本的です。ひと目で日本を思い起こさせる記号性（シンボル性）があります。そのため、日本のカルチャーやメイク、化粧品に憧れを抱く消費者が多い中国や東南アジアなどの海外市場を開拓していく上で、姫子は大きなポテンシャルを持っています。（実際、韓国・台湾・香港・中国・シンガポール・マレーシアなど10ケ国以上に輸出されています）

一方、少女マンガ的なお姫様から、「子供っぽい」「おもちゃっぽい／品質感に欠ける」といったネガティブなイメージを連想する消費者も一定数います。しかし、ユーザーの中心は、ティーンなどの若年層ではなく、20代〜30代の女性です。化粧歴が長く、化粧品の品質もきちんと見極められる人たちが愛用しているのです。そのため、この姫子のブランド資産は、問題よりもポテンシャルのほうが大きいと判断されました。

以上のようにブランドの価値を整理し、ポテンシャルと問題点を検討します。

その結果、ヒロインメイクは、再成長が可能な、大きなポテンシャルを持ったブランドであることがわかりました。

では、価格競争を回避する流通政策を考えた上で、ブランドを強化し成長させるために、どのような製品を開発すべきでしょうか。ブランド再生の具体的な道筋を見ていくことにしましょう。

ブランドの強みを、再強化する製品の導入
――耐久性の強みをさらに強化した「スーパーウォータープルーフ」

弱まってきたブランドを強化するための方策は何でしょうか?

まずは、ブランドが最も得意とする土俵(市場)で、ブランドが本来持っている強みを改めて強化することです。

ヒロインメイクは、マスカラ市場の中でも、ウォータープルーフ市場(WPカテゴリー)に基盤があります。WPマスカラは、耐水性が高く、涙や汗などでにじんだり流れたりしないマスカラです。消費者がWPに求めるのは、耐久性。耐水性があるのはもちろんのこと、つけたマスカラが落ちない、カールが下がらない持続性です。

ヒロインメイクは、WPマスカラの中でも、上向きにしたまつ毛がずっと下がってこない耐久性の高さが強みです。「天まで届け!」とばかりにまつ毛を上向きにし、それを長

図24　スーパー WP マスカラ

@cosme と iVoCE のマスカラ部門でのベストコスメ受賞を訴求した販促物（サンプリング用ミニマスカラ）

持ちさせることで支持されてきました。

　そのため、ヒロインメイクは、まずブランドの基盤となるＷＰ市場で、強みを再認識させる新製品（既存製品の改良製品）「スーパーウォータープルーフ」を、２０１４年２月に導入しました。塗った瞬間に乾いてまつ毛のカールを固定し、形状記憶ポリマーが一日中カールを持続させるという製品です。これによって、ヒロインメイクは、ＷＰ市場という基盤の地固めをし、ブランドの強みを再強化することに成功したのです。

（図24参照）

ちなみに、セルフ化粧品では、ブランドの評価を高め、ブランドを再生する上で、「@コスメ」というサイトでの高評価が欠かせません。消費者は、化粧品を選ぶにあたって、「@コスメ」での評価やユーザーの口コミを必ずと言っていいぐらいチェックします。店頭でも、スマホを見て商品を取ったり、逆に棚やハンガーに返したりしている姿をよく目にします。1000円程度の商品でも、「失敗しない」商品選択が若い消費者の間では定着しているのです。

成長するサブカテゴリーの「フィルムタイプ」に、ブランドを拡張

――「まつ毛上向きの耐久性」をテコにした、お湯落ちマスカラ

ブランドの基盤が固まったら、ブランドを成長させるための新たな市場機会を探します。そして、ブランドの強みをテコにして、ブランド拡張を図るのです。

マスカラには、2つのタイプがあります。お話ししてきたウォータープルーフ（WP）タイプと、フィルムタイプです。

フィルムタイプのマスカラは、お湯で簡単に落とせるのが最大の利点で、WP以上に市

場（サブカテゴリー）が拡大していました。（ちなみに、ＷＰタイプはクレンジングが必要です）

一方で、フィルムタイプは、ＷＰほど耐久性が高くありません。汗や涙でにじむ可能性があり、上向きにしたまつ毛も時間とともに下がってきがちです。しかし、消費者はけっして、「上向き長持ち」を諦めたわけではありません。お湯で落とせる簡便性を優先しているだけです。

お湯で落とせるフィルム市場でも、ヒロインメイクの「上向き長持ち」という強みをテコにして、消費者の潜在ニーズをとらえられるのではないか。市場が伸びている上、ブランドの強みを活かせる可能性が高いフィルム市場には、大きな市場機会があるのではないかと判断。２０１４年８月、フィルム市場にブランド拡張をする新製品を導入したのです。（図25参照）

製品開発では、フィルムタイプの「お湯で落とせる」基本ベネフィットを満たした上で、「まつ毛を上向きに、長持ちさせる」という耐久性をどこまで実現できるかがカギになります。競合より耐久性が高いだけでなく、ヒロインメイクの「耐久性」への期待を裏切ら

図25　フィルムタイプのマスカラ

ないだけの耐久性が必要になります。

フィルムタイプの製品開発では、消費者のカテゴリーインサイトから大きなヒントを得ています。消費者には、「マスカラって、なんか重い感じ。盛るまでいかなくても、塗り重ねると重くなって、まつ毛が下がってくる」というイメージがあります。このイメージを反転させたのが、「羽のように軽い！　エアリーカール」というフィルムマスカラです。

「羽」というメタファー（比喩）は、軽さのシンボルになるとともに、技術的なイノベーションのヒントにもなります。マスカラの口に入っている繊維がまつ毛を長くするのですが、この繊維の中を羽のように空洞にして軽量化。カールを10時間もキープできるようにしたのです。

消費者は、マスカラに対して「まつ毛が上向きにカールして、長持ち」という耐久性を求めています。これは、ＷＰでもフィルムタイプでも、同じです。

一方、耐久性を実現する方法は、ＷＰとフィルムで異なっています。ＷＰでは、まつ毛を上向きに「固定」し、フィルムでは、まつ毛が下がらないように「軽く」したわけです。

このように、ブランドの中心となる「インサイト」と「ブランド・プロポジション」がしっかり定義されていれば、製品スペックや実現方法が異なっていても構わないのです。

インサイトをとらえて、新しい市場を創造
――「にじまずキープ、簡単オフ」を両立させた第3のカテゴリーを創造

その後、２０１６年に、ヒロインメイクは「にじまずキープできる耐久性」と「簡単に落とせる簡便性」を両立させた製品を開発し、ＷＰでもフィルムでもない第３のカテゴリー（サブカテゴリー）の創造を目指しました。（業界的には、フィルムタイプの進化版と位置付けられていますが）（図26参照）

図26　第3のマスカラ

消費者にとっては、ＷＰもフィルムも関係ありません。消費者は、ただ「長持ちして、落とすときは簡単に落ちる」ことを求めているだけです。長持ちと落としやすさがトレードオフの関係（片方を強めると、もう片方が弱まる関係）にあるのは、技術面での問題。２タイプに分類しているのは、業界の慣例というだけです。

このマスカラは、「お湯＋洗顔料」で落とすのですが、女子にとって洗顔料はいつも使っているものなので、簡便性が損なわれることはないのです。

また、この第3のマスカラは、既存の商品ラインより高い価格を設定しています。既存のカテゴリー内での競争は、性能競争や価格競争に陥りがちです。それに対して、新しいカテゴリーを創造する製品は、新しい価値創造をともなうため、高価格を設定しやすくなります。

このようにして、ヒロインメイクの「ブランド再生」の課題は解決され、さらに、新しい市場を開拓していくことで、大きな成長を遂げたのです。

そして、さらには、マスカラからアイライナーにブランド拡張した製品「泣いても密着！　アイライナー」が、国内だけでなくアジアでも、マスカラとともにヒット。中国のSNSで口コミの上位に挙がるなど、ヒロインメイクのブランド価値と高い機能性は、アジア女性の普遍的なインサイトをとらえたのです。

以上、ヒロインメイクのブランド事例を見てきました。

インサイトを起点にして、ブランドの価値をしっかり見直す。ブランドの資産・強みをテコにして、ブランド拡張を行う。製品は、市場機会を見出した上で、目的や役割を明確にして開発する。

ブランド構築やブランド拡張は、けっして大企業だけのものではありません。製品とパッケージでブランド資産をつくり出し、かつブランドを目指す方向にコントロールすることもできるのです。

第5章 まとめ

- 日本でも海外でも、製品を超えて、消費者との絆をつくる「ブランド」を育成することが大切。
- ブランドを育成するためには、一貫性や継続性が重要。本社が「ブランド設計（定義）」を行ってフレームワークに明文化し、全社で共有することが欠かせない。
- ブランド定義では、「プロポジション」だけでなく、どういう「インサイト」をとらえたブランドなのかを定義しておくことが重要。
- 日本企業は、今まで「新製品」で売りをつくってきたが、消費者や市場の変化にともない、「ブランド」をテコにして事業を拡大する戦略をとり始めている。
- ブランド拡張は、「ブランドは利益を生み出す源泉である」ことを実感させてくれる。
- ブランド構築やブランド拡張は、大企業だけのものではない。中小企業でも、ブランド設計を行い、製品とパッケージを中心にしてブランドを育成することで、継続的な利益を生み出すことができる。

おわりに ——日本を「世界の中のひとつの市場」として見直す

「日本人」のことが、わかっているか？

日本人である私たちは、日本人のことが本当にわかっているでしょうか？もし、本当にわかっているとしたら、「何が売れるかわからない」といって悩む必要はないはずです。

日本企業にとって、日本は「ホーム」。海外のグローバル企業にとっては、日本は「アウェイ」ですが、日本企業の日本市場での勝率はどれくらいでしょうか。

日本企業が日本人のニーズをよくわかっているとしたら、それを実現する技術力があって高品質の製品をつくれる日本企業が圧勝するはずです。しかし、実際は、外資系企業におくれをとっている商品カテゴリーが少なくありません。

日本というホームで「やや優勢」という程度では、日本企業・欧米のグローバル企業双方にとってアウェイの市場、例えばアジアの新興国では、日本企業がグローバル企業に勝つのは難しいでしょう。

日本人のことは、「だいたいの想像はつく」。はたして、その想像は合っているでしょうか。同じ日本人でも、自分と世代や性別が違えば、考え方も生活スタイルも大きく異なります。ついつい想像しがちなのは、メディアで取り上げられているようなステレオタイプのターゲット像ではないでしょうか。

特に、自社が扱う商品カテゴリーのユーザーについては、今までの経験や知識などが豊富にあるため、「それはわかっている」「こうに違いない」と決めつけて、思考停止になりがちではないでしょうか。しかし、その状態から新しい発想を生みだすのは難しいでしょう。

日本人を「外国人」のようにとらえなおしてみる

日本人がよくわからないとしたら、一度「外国人」として日本人を見直してみる、というアプローチが考えられるのではないでしょうか？

海外で、一から人々のことを知ろうとするように、日本人を見直してみるのです。海外では、家庭訪問をし、生活環境や暮らしぶりなどを見た上で、製品がどのように使われているかを、直接、観察する方法をとります。しかし、日本では、だいたい想像がつくという理由から、会場での座談会（グループインタビュー）などで済ますことが多いのではないでしょうか。

海外のグローバル企業が日本に参入するときのように、「日本人のことが、何もわかっていない」というスタンスで、日本人を見直してみるのです。

筆者は、過去に、欧米のグローバル企業の日本市場でのブランド戦略開発に携わってきました。グローバル企業の日本市場担当の経営トップが、日本人を理解しインサイトを共有できるようにすることも役割のひとつでした。日本人のことが「何もわからない」「一から知る必要がある」という外国人と一緒に日本人を見ていると、自分でも今まで気付いていなかった新しい発見があったりするものなのです。

「海外のグローバル企業」の目線で、日本を見てみる

海外のグローバル企業は、日本市場をどのように見ているのでしょうか？
「日本は、世界の中のひとつの市場」ととらえているグローバル企業の視点は、日本企業にも、大きな示唆を与えてくれるのではないでしょうか。

日本には、いくつもの側面があります。

日本は、人口減から市場が縮小していく成熟市場です。しかし、市場機会が見つかり、新たな市場が創造できるような戦略シナリオを描くことができれば、グローバル企業は、新たに参入したりマーケティング投資を増やしたりします。逆に、成長シナリオが描けない消耗戦への投資は避けます。
日本企業も、新製品のための新製品ではなく、いかに戦略的なシナリオを描いた上で製品開発や事業展開ができるかが、ますます重要になってくるのではないでしょうか。

日本は、世界に先駆けて高齢化が進む「最先進市場」であり、「成長市場」でもありま

す。

例えば、ネスレは、グローバルでの戦略の柱のひとつに「健康」を挙げていますが、高齢化が急速に進む日本を「成長市場」と見て事業展開を行っていくようです。

また、日本という高齢化の「最先進市場」で、世界を先取りするインサイトを探り、新製品や新サービスなどを導入し、テストを行うことができます。そして、その成果を世界中に展開していければ、大きな成功が得られます。

この「世界市場への展開」を見据えているグローバル企業の中には、日本は「見本市」のような市場と見ている企業もあります。「日本は、イノベーティブな製品やサービスが次々生まれ、世界の市場で成功するような新製品や事業のヒントが見つかる」と。

日本企業も、常に世界が視野に入っていることが、今後ますます重要になるでしょう。日本で成功してから世界市場に目を向けるのでは遅い。事業のスタートが日本からであったとしても、最初から世界での市場機会を見据えていることが、海外展開のスピードを速め世界市場で成功するカギとなるのです。

日本市場でこそ必要な「マーケティング」

海外では、人々を一から理解することが必須です。そして、ニーズをとらえた製品を提供することが欠かせません。国内で余った製品を「輸出」する発想から、海外で「事業」を創造する発想に変わったとたん、マーケティングは必須のものとなるのです。

海外で成功するための「マーケティング」の取り組みは、実は、日本市場でこそ必要なものです。

市場機会を見出して、成長戦略のシナリオを描く。人々を一から見直して、潜在ニーズであるインサイトを探り出す。開発部門を含む全社で取り組み、ニーズをとらえた製品を開発する。

マーケティングを経営の中心においた「マーケティング・カンパニー」になることが、海外市場だけでなく、日本でも新しい市場を切り拓いていくことになるのです。

＊＊＊

最後に、この本に関わる大勢の方に、御礼を申し上げます。

チャレンジングで興味深い課題をくださるクライアントの方々。ありがとうございます。経営陣の方からワーキングチームの方々まで、議論がいくら熱くなろうとも、一緒に仕事ができて楽しかったと言ってくださったときは本当に嬉しいです。また、取り組みが成果に結びついたときのみなさまの嬉しそうな顔を見るのが、何よりの喜びです。

また、プロジェクトの多くをご一緒している、モデレーターの和田十志子さん、リサーチャーの野呂輝彦さん、戦略プランナーの藤井麻衣子さん、ありがとうございます。これからも、よろしくお願いします。

そして、この本の企画に共鳴いただき、大きなプロジェクトが入るたびに執筆が中断しながらも、足掛け3年にわたって併走していただいた、ダイヤモンド社の編集者の山下覚さん。本当に、ありがとうございました。

最後に、家族に感謝の気持ちを伝えたいと思います。

9歳の娘と4歳の息子へ。当たり前のことを当たり前にしない「なぜ？　どうして？」を、ありがとう。そして、人は「そもそも」何をしたいのか、何が楽しいのか、日々新たな発見と刺激をくれて、ありがとう。
そして、妻の和子には心から感謝しています。こうやって本を書けるのも、一日一日を大切にできるのも、和子のおかげです。ありがとう。家族は、宝です。

2018年　春
桶谷　功

日経ウーマン　2017年8月号「マーケティング教室　マルイ『ラクチンきれいシューズ』」日経BP社
広告朝日「ロングセラー商品　Vol.6ユニリーバ・ジャパン『ダヴ』」朝日新聞社メディアビジネス局、2011年8月24日
https://adv.asahi.com/long_seller/11059696.html
ユニリーバ・ジャパン「Dove（ダヴ）」ブランド公式サイト
https://www.dove.com/jp/home.html
日清食品グループ「カップヌードル」ブランド公式サイト
http://www.cupnoodle.jp/
zakzak「日清食品『カップヌードル リッチ』食も現役なアクティブシニア向け」産経デジタル、2016年11月29日
http://www.zakzak.co.jp/economy/ecn-news/news/20161129/ecn1611291530008-n1.htm
日経MJ　2015年4月29日「日清食品『カップヌードルライトプラス』」日本経済新聞社
RIZAP株式会社　RIZAP（ライザップ）公式サイト
https://www.rizapgroup.com/　（RIZAPグループ）
https://www.rizap.jp/　（RIZAPトレーニングジム）
https://www.rizap-english.jp/　（RIZAP ENGLISH）
https://www.rizap-golf.jp/　（RIZAP GOLF）
https://rizap-cook.jp/　（RIZAP COOK）
日経MJ　2017年8月25日「広がるRIZAP経済圏」日本経済新聞社
株式会社伊勢半　公式サイト
http://www.isehan.co.jp/
株式会社伊勢半「ヒロインメイク」ブランド公式サイト
http://www.isehan.co.jp/heroine/
@cosme（アットコスメ）「伊勢半 ヒロインメイク 総合情報」
http://www.cosme.net/brand/brand_id/11624/top
谷崎光「本当は中国で勝っている日本企業　なぜこの会社は成功できたのか？」集英社、2017年

日経MJ　2018年2月14日「ユニ・チャーム　越境EC、次世代の試金石」日本経済新聞社
DIAMONDハーバード・ビジネス・レビュー　2014年8月号「行動観察×ビッグデータ」ダイヤモンド社
DIAMONDハーバード・ビジネス・レビュー　2014年2月号「日本企業は新興国で勝てるか」ダイヤモンド社
DIAMONDハーバード・ビジネス・レビュー　2014年11月号「創造性VS.生産性—いま、どちらを優先すべきか」ダイヤモンド社
DIAMONDハーバード・ビジネス・レビュー　2015年6月号「小さなイノベーション」ダイヤモンド社
DIAMONDハーバード・ビジネス・レビュー　2014年1月号「人を動かす力」ダイヤモンド社
ダニエル・ピンク（著）、大前研一（訳）「モチベーション3.0—持続する『やる気！』をいかに引き出すか」講談社、2010年
石井淳蔵「ビジネス・インサイト—創造の知とは何か」岩波書店、2009年
高原豪久「ユニ・チャーム　共振の経営　『経営力×現場力』で世界を目指す」日本経済新聞出版社、2014年
大石芳裕「実践的グローバル・マーケティング」ミネルヴァ書房、2017年
大石芳裕（編）、グローバル・マーケティング研究会（著）「日本企業のグローバル・マーケティング」白桃書房、2009年
高岡浩三「ゲームのルールを変えろ—ネスレ日本トップが明かす新・日本的経営」ダイヤモンド社、2013年
高岡浩三、フィリップ・コトラー（著）「マーケティングのすゝめ—21世紀のマーケティングとイノベーション」中央公論新社、2016年
山井太（著）、日経トップリーダー（編）「スノーピーク『好きなことだけ！』を仕事にする経営」日経BP社、2014年
三田村蕗子「『ポッキー』はなぜフランス人に愛されるのか？—世界で成功するローカライズ・マーケティングの秘訣」日本実業出版社、2015年
MarkeZineオンライン「日産を危機に陥れた5つの欠如、市場調査の新組織『マーケットインテリジェンス』が目指すもの」翔泳社、2015年5月11日　市川晃久
池田紀行、山崎春生「次世代共創マーケティング」SBクリエイティブ、2014年
C・K・プラハラード&ベンカト・ラワスワミ（著）、有賀裕子（訳）、一條和生（解説）「コ・イノベーション経営—価値共創の未来に向けて」東洋経済新報社、2013年
株式会社 丸井グループ「共創経営レポート 2016」共創経営推進プロジェクト 2016年9月
http://www.0101maruigroup.co.jp/ir/pdf/i_report/2016/j/i-report2016_a3.pdf

http://www.yano.co.jp/press/press.php/001513（2016年3月29日）
江崎グリコ株式会社　公式サイト「ドロリッチ」
https://www.glico.com/jp/product/yogurt_pudding/dororich/
江崎グリコ株式会社「GABA（ギャバ）」ブランド公式サイト
http://cp.glico.jp/gaba/index.html
倉沢愛子「消費するインドネシア」慶應義塾大学出版会、2013年
繁田奈歩「デリー勤務を命ず―辞令が出たら読むビジネス版インドの歩き方」日経BPコンサルティング、2015年
内田和成「ゲーム・チェンジャーの競争戦略」日本経済新聞出版社、2015年
小林保彦（編著）「アカウントプランニング思考」日経広告研究所・日本経済新聞社、2004年
小林保彦「コンシューマーインサイトへの道―アカウントプランニング序論」『青山経営論集』第36巻第1号　2001年7月
キリン株式会社　公式サイト「氷結®」
http://www.kirin.co.jp/products/rtd/hyoketsu/quality/
花王株式会社　公式サイト「キュキュット」
http://www.kao.com/jp/kyukyutto/index.html
トム・ケリー&ジョナサン・リットマン（著）、鈴木主税・秀岡尚子（訳）「発想する会社！ 世界最高のデザイン・ファームIDEOに学ぶイノベーションの技法」早川書房、2002年
ティム・ブラウン（著）、千葉敏生（訳）「デザイン思考が世界を変える」早川書房、2014年
高田誠「P&G式伝える技術 徹底する力―コミュニケーションが170年の成長を支える」朝日新聞出版、2011年
日経ビジネス　2016年10月24日号　編集長インタビュー「『消費者がボス』深く掘る　プロクター・アンド・ギャンブルCEO　デビッド・テイラー氏」日経BP社
P&G採用サイト「CMK Consumer & Market Knowledgeの使命・役割」
http://pgsaiyo.com/campus/function/cmk/cmfm.html
ユニ・チャーム株式会社　公式サイト
CSR活動報告2016（p31「インサイトリサーチ・研究開発・マーケティングの三位一体」）
http://www.unicharm.co.jp/csr-eco/report/uccsr2016_all.pdf
統合レポート2017（戦略と進捗2017　五大戦略3「市場の成長ステージに応じた戦略を遂行」）
http://www.unicharm.co.jp/ir/report/progress/1199569_9776.html

参考文献・資料

滝田誠一郎「『消せるボールペン』30年の開発物語」小学館、2015年

株式会社パイロットコーポレーション「フリクション」ブランド公式サイト
http://frixion.jp/

パナソニック株式会社　プレスリリース「音波振動ハブラシ『ポケットドルツ』」
http://news.panasonic.com/jp/press/data/jn091210-1/jn091210-1.html（2009年12月10日）
http://news.panasonic.com/jp/press/data/jn101026-1/jn101026-1.html（2010年10月26日）
http://news.panasonic.com/jp/press/data/jn120312-1/jn120312-1.html（2012年3月12日）

ヤンミ・ムン（著）、北川知子（訳）「ビジネスで一番、大切なこと　消費者のこころを学ぶ授業」ダイヤモンド社、2010年

W・チャン・キム、レネ・モボルニュ（著）、有賀裕子（訳）「ブルー・オーシャン戦略～競争のない世界を創造する」ランダムハウス講談社、2005年

デービッド・A・アーカー（著）、阿久津聡（監訳）、電通ブランド・クリエーション・センター（訳）「カテゴリー・イノベーション～ブランド・レレバンスで戦わずして勝つ」日本経済新聞出版社、2011年

桶谷功「インサイト～消費者が思わず動く、心のホットボタン」ダイヤモンド社、2005年

桶谷功「『思わず買ってしまう』心のスイッチを見つけるためのインサイト実践トレーニング」ダイヤモンド社、2008年

週刊粧業オンライン「花王、中国都市部600世帯の洗濯実態を調査」2010年8月6日
http://www.syogyo.jp/news/2010/08/post_000054

加藤嘉一「いま中国人は何を考えているのか」日本経済新聞出版社、2012年

梁過（リャン・グオ）「現代中国『解体』新書」講談社、2011年

日本コカ・コーラ株式会社「い・ろ・は・す（I LOHAS）」ブランド公式サイト
http://www.i-lohas.jp/

サントリーグループ　公式サイト「ヨーグリーナ＆サントリー天然水」
https://www.suntory.co.jp/water/tennensui/product/yogurina.html

株式会社矢野経済研究所　プレスリリース「ミネラルウォーター市場に関する調査」
http://www.yano.co.jp/press/press.php/001662　（2017年3月7日）

［著者］**桶谷 功**（おけたに・いさお）

株式会社インサイト 代表取締役
大日本印刷株式会社を経て、世界最大級の広告代理店J.ウォルター・トンプソン・ジャパン株式会社戦略プランニング局 執行役員を務める。ハーゲンダッツ、Schick、ディズニービデオなどのブランド育成に貢献。2005年、著書『インサイト』（ダイヤモンド社）で、日本に初めてインサイトの考え方を体系的に紹介。

インサイトで日本企業がもっと飛躍できればという想いから、2010年に独立し、株式会社インサイトを設立。インサイトを核に、マーケティング全般のコンサルティングを行う。インサイトワークショップ®、ブレイクスルーインサイト®探索調査など、独自の戦略開発メソッドを提唱し、新規事業開発や新商品開発、ブランドの立ち上げや再生などをクライアント企業と共に行い、ヒット商品を生み出している。

コンサルティング実績は、食品・飲料・化粧品・日用品・医療用品・クルマ・マンション開発・フィットネスクラブ・百貨店・ファッションＥＣなど多岐にわたる。BtoB企業でもインサイトからイノベーション開発を行っている。
海外でも、中国・インド・ＡＳＥＡＮなどでインサイト探索・ワークショップを行い、マーケティング戦略を開発。「インサイト起点のマーケティング」の全社的な導入や教育を行っている。
他の著書に、『「思わず買ってしまう」心のスイッチを見つけるための　インサイト実践トレーニング』（ダイヤモンド社）などがある。
企業、協会などでの講演やセミナー多数。日本広告学会会員。グロービス経営大学院ＭＢＡ講師。

ご感想やお問い合わせをお待ちしております。
連絡先：oketani@insightmaster.jp
株式会社インサイトのホームページ：http://insightmaster.co.jp

戦略インサイト
――新しい市場を切り拓く最強のマーケティング

2018年５月23日　第１刷発行

著　者――――桶谷 功
発行所――――ダイヤモンド社
〒150-8409　東京都渋谷区神宮前6-12-17
http://www.diamond.co.jp/
電話／03･5778･7232（編集）　03･5778･7240（販売）

装丁――――小口翔平＋岩永香穂（tobufune）
本文デザイン――――岸和泉
校正――――鷗来堂
製作進行――――ダイヤモンド・グラフィック社
印刷――――勇進印刷（本文）・慶昌堂印刷（カバー）
製本――――川島製本所
編集担当――――山下 覚

ISBN 978-4-478-06824-3